VORWORT

Es begann mit einem Pferdefuhrwerk, der Energie und dem eisernen Willen eines 26-jährigen Bäcker- und Konditormeisters: am 21. Oktober 1912 gründete Carl Brandt die „Märkische Zwieback- und Keksfabrik" in Hagen, Westfalen. Er wollte Zwieback und Biskuit in hoher, gleichbleibender Qualität und für jedermann erschwinglich auf den Markt bringen. Dieses Ziel hat er erreicht und noch viel mehr: Wer heute an Zwieback denkt, denkt an „Brandt" und das lächelnde Kind auf der orangefarbenen Packung.

Mit diesem neuen Zwieback-Buch wollen wir Ihnen zeigen, wie selbstverständlich Zwieback zum täglichen Leben und zu einer ausgewogenen Ernährung gehört. Für alle Anlässe haben wir die besten Rezepte ausgesucht: Frühstück und Brunch, Snacks für Zwischendurch, süße und pikante Hauptgerichte, tolle Ideen für die jüngeren Familienmitglieder, Desserts für süße Leckermäuler und auch die Kaffeetafel kommt nicht zu kurz. Diejenigen, die auf ihre Linie achten wollen, finden im letzten Kapitel eine 5-Tage-Wohlfühl-Diät. Wir sind überzeugt, dass selbst Zwiebackkenner neue Lieblingsgerichte entdecken werden und Neuverwender ab jetzt immer eine Packung Brandt Zwieback zu Hause haben.

Seit unserer Firmengründung bürgen wir für die hervorragende Qualität unserer Produkte und werden auch weiterhin alles daransetzen, um Ihr Vertrauen zu rechtfertigen. Schreiben Sie uns, wenn Sie neue Rezepte, Anregungen oder natürlich auch Verbesserungsvorschläge haben, wir freuen uns über Ihre Post.

Viel Spaß beim Ausprobieren und guten Appetit wünscht Ihnen

Ihr Carl-Jürgen Brandt

ZWIEBACK – EIN PRODUKT MIT TRADITION

Die Ursprünge des Zwiebacks liegen weit zurück: schon im antiken Griechenland gab es ein knuspriges Gebäck, das zweimal gebacken wurde, auch die Römer buken lange vor Christi Geburt ihr „panis frixus". In Deutschland ist die Zwieback-Herstellung seit dem Mittelalter bekannt. 1450 tauchte im Raum Köln zum ersten Mal die Bezeichnung „zweygebak" auf, benannt nach dem Herstellungsverfahren. Im Laufe der Jahrhunderte hat sich die Rezeptur immer mehr verfeinert. Die wesentlichen Eigenschaften von Zwieback sind jedoch immer erhalten geblieben: lange Haltbarkeit, feiner Röstgeschmack und gute Bekömmlichkeit. Aus den gleichen Gründen leistete er vom 17. bis 19. Jh. wichtige Dienste als Marschverpflegung für Soldaten oder als Schiffsproviant.

ZWIEBACK = ZWEIMAL GEBACKEN – ODER WIE KOMMT DER ZWIEBACK IN DIE TÜTE?

Die aufwändige Zwiebackherstellung ist nichts für Ungeduldige, hier heißt es eher „Eile mit Weile". Zutaten sind Weizenmehl, Wasser, pflanzliches Fett, Zucker, Eigelb, Milchprodukte und Hefe. Das kleberreiche Mehl besitzt einen niedrigen Ausmahlungsgrad, so bleiben wertvolle Inhaltsstoffe des Weizenkorns enthalten. Nach dem Rühren muss der Hefe Teig erst einmal gehen, damit aus der schweren, kompakten Masse ein luftiger, lockerer Zwieback-Teig entstehen kann. Dieser wird flach ausgewalzt und mit Hilfe einer speziellen Maschine aufgerollt. Durch das Rollen werden die Poren gleichmäßig verteilt, so kann beim Backen die gewünschte feinporige Struktur entstehen. Bevor der Zwieback zum Zwieback wird, entsteht im ersten Backprozess zunächst der sogenannte Einback. Dieser wird bei einer genau definierten Raumtemperatur und Luftfeuchtigkeit 24–36 Stunden gelagert, dann in Scheiben geschnitten und auf beiden Seiten nochmals ca. 15 Minuten bei 160–200 Grad gleichmäßig geröstet. Aus dem Einback ist der Zwieback geworden, von zwie – zwei, also zweimal gebacken.

Dieses aufwändige Herstellungsverfahren ist nötig, um den gewünschten feinen Geschmack und die typische knusprig-brüchige Struktur zu erzielen. Der Feuchtigkeitsgehalt wird auf ca. 4 % verringert, dadurch ist der Zwieback ohne Konservierungsmittel lange haltbar, im Gegensatz zu normalem Brot mit einem Feuchtigkeitsgehalt von ca. 45 %.

WAS STECKT DRIN?

Zwieback zeichnet sich durch einen besonders hohen Kohlenhydratanteil aus (ca. 74%), dagegen ist der Fettgehalt mit ca. 6% gering. Mit diesem günstigen Fett-Kohlenhydrat-Verhältnis leistet er einen wichtigen Beitrag zu einer gesunden Ernährung. Bei der Herstellung werden ungehärtete, pflanzliche Fette verwendet, die überwiegend wertvolle ungesättigte Fettsäuren und kein Cholesterin enthalten. Auch der Eiweißgehalt kann sich sehen lassen. Vor allem in Kombination mit Milchprodukten wird dem Körper besonders hochwertiges Eiweiß zugeführt, da sich Weizen- und Milcheiweiß ideal ergänzen. Viele der angebotenen Zwiebacksorten werden mit Jodsalz gebacken und tragen somit zur Vorbeugung des in Deutschland weit verbreiteten Jodmangels bei. Die enthaltene Jodmenge ist jedoch auch für Personen mit Schilddrüsenüberfunktion vollkommen unschädlich und ruft auch keine Jodallergie hervor.

Im Vergleich zu den meisten Brotsorten liegt der Kochsalz-Gehalt von Zwieback deutlich niedriger. Er ist daher für Menschen mit zu hohem Blutdruck eine gute Alternative zu natriumarmem Brot. Hochwertige Zwiebacksorten werden mit Mehl aus kontrolliertem Getreideanbau hergestellt. Hier kontrolliert die Landwirtschaftskammer alle Schritte des Anbaus, wie Bodenbearbeitung und Düngung. Um Boden und Umwelt zu schonen, wird durch eine bodengerechte Sortenwahl und eine bedarfsgerechte Düngung die eingesetzte Menge an Dünge- und Pflanzenschutzmittel auf ein Minimum reduziert.

WOHL BEKOMMS

Zwieback wird erst gebacken und dann geröstet. Dieses Herstellungsverfahren gibt dem Zwieback den feinen Röstgeschmack und entzieht Feuchtigkeit. Beim Rösten entsteht auch die typische knusprig-brüchige Struktur, die den Zwieback zu einem leicht verdaulichen und bekömmlichen Lebensmittel macht. Denn dadurch lässt er sich im Mund besonders fein zerkleinern, Speichel und Verdauungssäfte des Magen-Darm-Traktes bekommen eine große Angriffsfläche geboten und können so schneller auf die Nahrungspartikel einwirken. Da die Magenentleerung wesentlich von der Zerkleinerung abhängt, hat der feine Speisebrei eine kurze Verweildauer im Magen – ein unangenehmes „Völlegefühl" wird somit vermieden. Zusätzlich trägt der geringe Fett- und Feuchtigkeitsgehalt des Zwiebacks dazu bei, dass der Magen nicht unnötig belastet wird.

Die günstige Nährstoffzusammensetzung, die hervorragende Bekömmlichkeit und der Geschmack machen den Zwieback für Jung und Alt zu einem wertvollen Bestandteil einer ausgewogenen und gesunden Ernährung.

FRÜHSTÜCK UND BRUNCH

Nach dem Aufwachen sich erst einmal recken und strecken, frische Morgenluft ins Zimmer lassen, tief einatmen und den Tag beginnen. Mit unseren abwechslungsreichen Frühstücksideen können Sie „essen wie ein König" und legen damit den Grundstein für einen erfolgreichen, aktiven Tag. Die erste Mahlzeit des Tages sollte etwa 25 % des täglichen Energiebedarfs decken. Der Markenzwieback mit seinem geringen Fettgehalt und dem hohen Kohlenhydratanteil ist dafür ideal. Er macht angenehm satt, ohne ein Völlegefühl zu verursachen und obendrein versorgt er Sie mit lebenswichtigen Mineralstoffen, die fit und aktiv halten. Also genau das Richtige, um selbst bei Morgenmuffeln die Müdigkeit zu vertreiben.

Da die Engländer wissen, wie wichtig ein gutes Frühstück ist, haben sie eine ausgiebige Variante erfunden: den Brunch – eine Kombination aus Frühstück (= breakfast) und Mittagessen (= lunch). Kulinarisch gesehen gibt es beim Brunch keine Regeln: erlaubt ist was schmeckt. Ideal ist eine Mischung aus kalten Frühstücks-Komponenten und Speisen, die sich gut warm halten lassen. Da kann der Brunch ruhig etwas länger dauern!

SCHOKO-PAPAYA-MÜSLI (2 PORTIONEN)

1 kleine Papaya
***1 Becher Dickmilch** (= 250 g)*
2 EL Rosinen
2 EL Nüsse
2 TL brauner Zucker
4 Mini-Schoko-Zwiebäcke

kcal	kJ	E	KH	F
257	1076	8,8 g	28 g	12 g

Zubereitungszeit: ca. 15 Minuten

Zubereitung

Papaya schälen, halbieren, Kerne entfernen, in Spalten schneiden. Dickmilch, Rosinen, Nüsse und Zucker mischen und auf zwei Müslischalen verteilen. Jeweils mit zwei Mini-Schoko-Zwiebäcken belegen.

Tipp: ***Die Papaya kann auch durch Beerenobst oder Banane ersetzt werden.***

HUSUMER FRÜHSTÜCKS-HAPPEN (4 STÜCK)

1/2 Becher
Crème fraîche (= 75 g)
1 EL Senf
Salz, Pfeffer
1 Prise Ingwerpulver
4 Markenzwiebäcke
4 Salatblätter
100 g Räucherlachs (oder Forelle)

kcal	kJ	E	KH	F
172	720	9,1 g	8 g	11 g

Zubereitungszeit: ca. 15 Minuten

Zubereitung

Crème fraîche und Senf verrühren und mit Salz, Pfeffer und Ingwerpulver würzen. Creme auf die Zwiebäcke streichen. Anschließend Salatblatt und Lachsscheiben als Rosette auflegen.

AMERICAN ZWIEBACK (4 PORTIONEN)

3 Eier
1/2 Liter Milch
1 Päckchen Vanillezucker
1 Prise Salz
16 Markenzwiebäcke
2 EL Butterschmalz
Ahornsirup nach Belieben

TIPP: ***Den Zwieback ohne Ahornsirup zubereiten und mit Kirschkompott servieren.***

Zubereitung

Eier, Milch, Vanillezucker und Salz verquirlen. Zwiebäcke in Eiermilch tauchen und in einer Pfanne in Butterschmalz von beiden Seiten goldbraun backen. Mit Ahornsirup übergießen und heiß servieren. Dazu schmecken frische Beeren oder Kompott.

kcal	kJ	E	KH	F
470	1967	13,5 g	57 g	21 g

Zubereitungszeit: ca. 40 Minuten

FRÜHSTÜCKS-ZWIEBACK AUS DEM OBSTGARTEN (8 STÜCK)

1 Packung Frischkäse (= 200 g)
4 EL Milch
1 Päckchen Vanillezucker
2 Kiwis
1 Zweig Zitronenmelisse
8 Frühstücks-Zwiebäcke
5 EL Rote Grütze

Zubereitung

Frischkäse mit Milch und Vanillezucker verrühren. Kiwis schälen und in Scheiben schneiden, Zitronenmelisse waschen und trockentupfen. Zwiebäcke mit Frischkäse und Roter Grütze bestreichen. Mit jeweils zwei Kiwischeiben belegen und mit Zitronenmelisseblättern garnieren.

kcal	kJ	E	KH	F
144	603	4,0 g	12 g	9 g

Zubereitungszeit: ca. 20 Minuten

POWER-ZWIEBACK MIT MÜSLICREME
(6 PERSONEN)

1 Packung Vanillepuddingpulver
1/2 Liter Milch
3 EL Zucker
8 Markenzwiebäcke
250 g Heidelbeeren
1 Packung Magerquark (= 250 g)
100 ml Orangensaft
3 EL Honig
2 Frühstücks-Zwiebäcke
50 g Haferflocken
100 g gehackte Nüsse

Zubereitung

Vanillepudding nach Packungsanweisung mit Milch und Zucker zubereiten und etwas abkühlen lassen. Eine Auflaufform mit Zwiebäcken auslegen und Heidelbeeren darauf verteilen. Quark mit Vanillepudding, Orangensaft und Honig verrühren und über die Zwiebäcke geben. Frühstücks-Zwiebäcke grob zerbröckeln, mit Haferflocken und gehackten Nüssen über die Creme streuen.

kcal	kJ	E	KH	F
368	1540	15,9 g	46 g	13 g

Zubereitungszeit: ca. 15 Minuten

FRÜHLINGS-PASTETE (8 SCHEIBEN)

2 Bund Petersilie
je 1 Bund Dill und Basilikum
1 Knoblauchzehe
100 g Butter
1 Packung Markenzwieback (= 225 g)
250 g milder Schafskäse
250 g Ricotta
1 Packung Magerquark (= 500 g)
Salz, grober Pfeffer
4 Blatt weiße Gelatine
je 1 rote, gelbe und grüne Paprikaschote

Zubereitung

Kräuter waschen, trockentupfen und fein hacken. Knoblauchzehe abziehen, mit Butter und drei Viertel der Kräuter im Mixer pürieren. Einen Zwieback zerbröseln und beiseite stellen. Restliche Zwiebäcke mit Kräuterbutter bestreichen. Schafskäse durch ein Sieb streichen, mit Ricotta und Quark verrühren und mit Pfeffer würzen. Gelatine nach Packungsanweisung einweichen, ausdrücken und auflösen. Zwei Drittel der Ricotta-Masse vorsichtig löffelweise unterziehen, den Rest beiseite stellen. Paprikaschoten putzen, waschen und fein würfeln, ein Viertel beiseite legen. Kastenform so mit Frischhaltefolie auslegen, dass Folie übersteht. Zwiebäcke entsprechend der Form zuschneiden und Boden und Wände so auskleiden, dass die gebutterte Seite nach innen zeigt. Ricotta-Masse, Zwieback und Paprikawürfel einschichten und mit Zwiebäcken enden. Fest zusammendrücken, Folie über der Pastete zusammenschlagen und mindestens vier Stunden kalt stellen. Pastete stürzen, mit der restlichen Ricotta-Masse rundherum bestreichen. Nach Wunsch mit Zwiebackbröseln, restlichen Paprikawürfeln und gehackten Kräutern bestreuen.

kcal	kJ	E	KH	F
393	1645	21,4 g	25 g	23 g

Zubereitungszeit: ca. 1 Stunde
Kühlzeit: mind. 4 Stunden

2
1

3
4

ZWIEBACKTERRINE VOM LANDE (10 SCHEIBEN)

500 g Rote Bete
Salz
3 Knoblauchzehen
2 EL Balsamicoessig
5 EL Speiseöl
5 EL Gemüsebrühe
Pfeffer
1 Prise Cayennepfeffer
1 EL Zucker
50 g Meerrettich
2 Becher Schmand (à 150 g)
Saft von 1 Zitrone
1/2 Becher Sahne (= 100 g)
10 Blatt Gelatine
12 Markenzwiebäcke

Zubereitung

Rote Bete in Salzwasser garen, schälen und in Scheiben schneiden. Knoblauchzehen abziehen und zerdrücken. Marinade aus Knoblauch, Balsamicoessig, Öl, Gemüsebrühe, Salz, Pfeffer, Cayennepfeffer und Zucker herstellen und Rote Bete darin marinieren. Meerrettich schälen, fein reiben, mit Schmand verrühren und mit Salz und Zitronensaft abschmecken. Sahne cremig schlagen und unterrühren. Gelatine nach Packungsanleitung einweichen, ausdrücken, auflösen und unter die Rote Bete-Marinade geben. Terrinen- oder Kuchenform mit Backpapier auskleiden. Eine Schicht Zwieback einlegen, Rote Bete-Marinade und dann Meerettichmousse einschichten. Dieses einmal wiederholen und die letzte Schicht Mousse mit Zwieback bedecken. Terrine mindestens zwei Stunden kalt stellen und mit dem Elektromesser in Scheiben schneiden.

kcal	kJ	E	KH	F
228	954	4,9 g	16 g	16 g

Zubereitungszeit: ca. 50 Minuten
Kühlzeit: mind. 2 Stunden

ZWIEBACK-MILCH-SHAKE (4 PORTIONEN)

4 Aprikosen
(aus der Dose)
4 Kokos-Zwiebäcke
1 Becher kalte Buttermilch (= 500 g)
Ingwerpulver
1 EL Zitronensaft

Zubereitung

Aprikosen abtropfen lassen, mit Kokos-Zwiebäcken pürieren und mit Buttermilch verrühren. Mit Ingwerpulver und Zitronensaft abschmecken.

kcal	kJ	Ei	KH	F
158	661	5,6 g	26 g	3 g

Zubereitungszeit: ca. 5 Minuten

ZWIEBACK-CROSSIES (CA. 40 STÜCK)

5 Teatime-Zwiebäcke
50 g Marzipan
1 Prise Nelkenpulver
1 TL Zimt
150 g Nougat
2 EL Rumrosinen
50 g Mandelsplitter
150 g Vollmilch-Kuvertüre

kcal	kJ	E	KH	F
61	255	1,0 g	8 g	3 g

Zubereitungszeit: ca. 30 Minuten

Zubereitung

Zwiebäcke und Marzipan würfeln, mit Nelkenpulver und Zimt bestreuen. Nougat zerlassen, Zwiebackwürfel, Rumrosinen und Mandelsplitter untermischen. Kleine Häufchen formen, mit zerlassener Kuvertüre überziehen und in Pralinenförmchen geben.

ROTE PAPRIKASUPPE MIT ZWIEBACKKLÖSSCHEN (4 PORTIONEN)

1 kleine Zwiebel
1 EL Butter
2 rote Paprikaschoten
1 TL Paprikapulver
Salz, Pfeffer
1/2 Liter Gemüsebrühe
2 EL Apfelessig
100 g Crème fraîche
6 Markenzwiebäcke
2 EL Petersilie
1 Ei, 1 EL Butter
Muskatnuss

Zubereitung

Zwiebel abziehen und fein hacken. Butter in einem Topf zerlassen, Zwiebelwürfel zugeben und glasig dünsten. Paprikaschoten halbieren, entkernen, waschen, grob würfeln und hinzufügen, mit Paprikapulver, Salz und Pfeffer abschmecken und ca. zwei Minuten anschwitzen. Gemüsebrühe angießen und Suppe zugedeckt bei mittlerer Hitze ca. 15 Minuten köcheln lassen. Essig und Crème fraîche hinzugeben und alles fein pürieren. Für die Klößchen Zwiebäcke fein zerkleinern, mit Petersilie, Ei und Butter verkneten und mit Salz, Pfeffer und Muskatnuss würzen. Kleine Klößchen formen, in die heiße Suppe geben und ca. zehn Minuten ziehen lassen. Nach Wunsch mit Kräutern oder Sonnenblumenkernen bestreut servieren.

kcal	kJ	E	KH	F
272	1139	5,2 g	16 g	21 g

Zubereitungszeit: ca 40 Minuten

ndt
zwieback

IDEEN FÜR ZU HAUSE & UNTERWEGS

SNACKS UND KLEINE GERICHTE

Ob unterwegs oder daheim, vor dem Computer oder hinter dem Bügelbrett – ein kleiner Snack wirkt wahre Wunder! Denn die tägliche Leistungskurve verläuft wellenförmig. Die natürlichen Tiefs liegen am späten Vormittag und am frühen Nachmittag. Dann sinkt der Blutzuckerspiegel ab, Müdigkeit macht sich breit und mit der Leistungsfähigkeit steht es nicht zum Besten. Zwieback ist hier als Ausgleich besonders wertvoll: er ist leicht verdaulich, dadurch werden die Kohlenhydratdepots schnell wieder aufgefüllt, der Blutzuckerspiegel bleibt konstant und beugt somit einem Leistungsabfall und Konzentrationsschwäche vor. Heißhunger kann gar nicht erst aufkommen und Sie fühlen sich gestärkt und motiviert. Unsere Snacks lassen sich in kurzer Zeit zubereiten, sie sind einfach, aber raffiniert, modern, aber nicht abgehoben. Also genau richtig für alle Zwieback-Fans, die viel vorhaben und für die Langeweile ein Fremdwort ist.

HAWAII-ZWIEBACK „SPRING TIME" (4 STÜCK)

150 g Erdbeeren
4 Scheiben Ananas (aus der Dose)
4 Scheiben Gouda
4 Scheiben Rollschinken
4 Markenzwiebäcke
1 EL Butter oder Margarine
grober Pfeffer

Zubereitung

Erdbeeren waschen und putzen, Ananasscheiben abtropfen lassen und beides in Stücke, Gouda und Schinken in Streifen schneiden. Zwiebäcke mit Butter oder Margarine bestreichen, Ananas- und Erdbeerstücke sowie Schinkenstreifen darauf verteilen. Mit Käsestreifen belegen, mit Pfeffer bestreuen und im vorgeheizten Backofen bei 175 Grad (Gas Stufe 2) ca. fünf Minuten überbacken. Nach Wunsch mit Kresse und Minze garniert servieren.

kcal	kJ	E	KH	F
264	1105	16,3 g	20 g	13 g

Zubereitungszeit: ca. 25 Minuten

HERZHAFTER ZWIEBACK-SNACK (4 STÜCK)

8 dünne Scheiben Schweinefilet
1 EL Speiseöl
Salz, Pfeffer
1 Birne
80 g Blauschimmelkäse
1 EL Zucker
4 Markenzwiebäcke
1 EL Butter oder Margarine
4 Walnusshälften

Zubereitung

Filet waschen, trockentupfen, in erhitztem Öl von beiden Seiten anbraten, salzen und pfeffern. Birne schälen, halbieren, Kerngehäuse entfernen und in feine Spalten schneiden. Blauschimmelkäse in Scheiben schneiden. Fünf Esslöffel Wasser und Zucker erhitzen und Birnenspalten kurz darin dünsten. Zwiebäcke mit Butter oder Margarine bestreichen, Filetscheiben, Birnenspalten und Käsescheiben darauf legen. Zwiebäcke auf ein mit Backpapier belegtes Blech geben und im vorgeheizten Backofen bei 175 Grad (Gas Stufe 2) überbacken, bis der Käse geschmolzen ist. Mit Walnusshälften garnieren. Dazu schmeckt Feldsalat mit Joghurt-Dressing.

kcal	kJ	E	KH	F
301	1260	23,2 g	15 g	17 g

Zubereitungszeit: ca. 25 Minuten

APFEL-SELLERIE-SALAT MIT VOLLKORN-ZWIEBACK
(4 PORTIONEN)

2 Orangen
4 EL Crème fraîche
1 Msp. Meersalz
1 Sellerieknolle (ca. 400 g)
2 Äpfel
4 getrocknete Aprikosen
2 EL Sonnenblumenkerne
8 Vollkorn-Zwiebäcke
Butter zum Bestreichen

Zubereitung

Eine Orange schälen und filetieren, einige Filets beiseite legen und die andere auspressen. Orangensaft, Crème fraîche und Salz zu einer Sauce verrühren. Sellerieknolle schälen, waschen und in feine Streifen schneiden oder grob raspeln, Äpfel waschen, vierteln, Kerngehäuse entfernen und fein würfeln. Alles mit Orangenfilets und Dressing mischen. Aprikosen würfeln und mit restlichen Orangenfilets und Sonnenblumenkernen auf den Salat geben. Zwiebäcke dünn mit Butter bestreichen und dazu servieren.

kcal	kJ	E	KH	F
266	1113	6,2 g	27 g	14 g

Zubereitungszeit: ca. 25 Minuten

PIKANTE ZWIEBACKHAPPEN (6 PORTIONEN)

18 Markenzwiebäcke

Für die Paprikacreme:

1 kleine Zwiebel
1 Packung Doppelrahmfrischkäse (= 200 g)
1 EL Paprikapulver
Salz, grober Pfeffer
je 1/2 kleine rote, grüne und gelbe Paprikaschote

Für die Gorgonzolacreme:

175 g Gorgonzola
100 g weiche Butter
1 TL Sherry

Für die Avocadocreme:

1 reife Avocado
1 rote Zwiebel
1 Knoblauchzehe
1 EL Zitronensaft
2 EL gehackte Petersilie

TIPP: Die Cremes sind ideal zum Mitnehmen für ein Picknick.

kcal	kJ	E	KH	F
542	2269	13,9 g	25 g	43 g

Zubereitungszeit: ca. 25 Minuten

Zubereitung

Für die Paprikacreme Zwiebel abziehen, fein reiben und mit Frischkäse und Paprikapulver verrühren. Mit Salz und Pfeffer abschmecken. Paprikaschoten waschen, putzen, würfeln und auf die Paprikacreme streuen. Für die Gorgonzolacreme Gorgonzola zerdrücken, mit Butter und Sherry glatt rühren und mit Salz und Pfeffer würzen. Nach Wunsch mit Kerbel garnieren. Für die Avocadocreme Avocado halbieren, Kern entfernen, Fruchtfleisch herauslösen und fein zerdrücken. Zwiebel und Knoblauchzehe abziehen, fein hacken und zur Avocado geben. Zitronensaft und Petersilie unterrühren, salzen und pfeffern. Zwiebäcke mit Cremes servieren.

ZWIEBACK-OMELETTE (1 PORTION)

2 Eier
2 EL Butter
Salz, bunter Pfeffer
3 EL gehackter Schnittlauch
1 TL gehackte Petersilie
1 Tomate
1 Markenzwieback
1 EL geriebener Gouda
italienische Kräuter

Zubereitung

Eier verquirlen und etwas Butter in Flocken untermischen. Salz, Pfeffer, Schnittlauch und Petersilie hinzugeben. Tomate waschen, Stielansatz entfernen und in dünne Scheiben schneiden. Restliche Butter in einer Pfanne erhitzen, Zwieback darin kurz von beiden Seiten bräunen, die Eimasse dazugeben und stocken lassen. Das Omelette mit Tomatenscheiben und Käse belegen und kurz unter dem Grill gratinieren. Mit italienischen Kräutern und Pfeffer bestreut servieren.

kcal	kJ	E	KH	F
551	2306	19,3 g	10 g	49 g

Zubereitungszeit: ca. 15 Minuten

ZWIEBACK ITALIANA
(4 STÜCK)

1 Tomate
1 Kugel Mozzarella (= 125 g)
8 Markenzwiebäcke
einige Basilikumblätter
Salz, Pfeffer
2 Eier
1 EL Balsamessig
1/2 Becher Sahne (= 100 g)
2 EL Mehl
6 EL Olivenöl

kcal	kJ	E	KH	F
415	1737	12,2 g	20 g	32 g

Zubereitungszeit: ca. 20 Minuten

Zubereitung

Tomate waschen, Stielansatz entfernen, Mozzarella abtropfen lassen und beides in dünne Scheiben schneiden. Vier Zwiebäcke mit Tomaten-, Mozzarellascheiben und Basilikumblättern belegen, mit Salz und Pfeffer würzen und mit den restlichen Zwiebäcken abdecken. Eier mit etwas Salz und Balsamessig verquirlen. Zusammengesetzte Zwiebäcke der Reihe nach von beiden Seiten in Sahne, Mehl und Eimasse wenden. Öl in einer Pfanne erhitzen und Zwiebäcke von jeder Seite bei schwacher Hitze ca. drei Minuten braten.

VOLLKORN-WÜRZBISSEN
(4 STÜCK)

1 kleiner Apfel
4 Scheiben Hartkäse, z. B. Greyerzer
120 g gekochter Schinken, in dicken Scheiben
2 EL gehackte Walnüsse
1 Becher Saure Sahne (= 150 g)
Salz, Zitronensaft
4 Vollkorn-Zwiebäcke
4 Salatblätter
1 EL Kresse, grober Pfeffer

Zubereitung

Apfel waschen, halbieren, entkernen, mit Käse- und Schinkenscheiben würfeln und mit Walnüssen und Saurer Sahne verrühren. Mit Salz und Zitronensaft abschmecken. Zwiebäcke mit Salatblättern belegen, Masse darauf verteilen und mit Kresse und grobem Pfeffer bestreut servieren.

kcal	kJ	E	KH	F
279	1168	18,3 g	9 g	19 g

Zubereitungszeit: ca. 20 Minuten

PESTO-ZWIEBACK
(4 STÜCK)

1 Bund Petersilie
1 Knoblauchzehe
1 Scheibe Appenzeller (ca. 30 g)
4 EL Sonnenblumenöl
Salz
4 Markenzwiebäcke
4 kleine Eier

Zubereitung

Petersilie waschen und gut trockentupfen, Knoblauchzehe abziehen, Appenzeller reiben und alles mit zwei Esslöffeln Öl und einer Prise Salz fein pürieren. Pesto auf die Zwiebäcke streichen und kurz im Backofen erwärmen. Restliches Öl in einer Pfanne erhitzen und darin nacheinander vier Spiegeleier braten. Eier auf den Zwiebäcken anrichten und nach Wunsch mit buntem Pfeffer bestreuen.

kcal	kJ	E	KH	F
237	992	9,7 g	8 g	19 g

Zubereitungszeit: ca. 20 Minuten

TOSKANISCHER ZWIEBACKSALAT (4 PORTIONEN)

8 Markenzwiebäcke
2 EL Rotweinessig
50 g Lauchzwiebeln
je 1 kleine rote und grüne Paprikaschote
300 g Tomaten
1 Knoblauchzehe
1 Bund Petersilie
3 TL Kapern
3 EL Olivenöl
Salz, Pfeffer

Zubereitung

Zwiebäcke grob würfeln, in einer beschichteten Pfanne ohne Fett kurz erwärmen. In einer Schüssel mit Essig beträufeln und ca. 15 Minuten durchziehen lassen. Lauchzwiebeln putzen, waschen und in feine Ringe schneiden. Paprikaschoten halbieren, entkernen und waschen, Tomaten waschen, Stielansatz entfernen und alles fein würfeln. Knoblauchzehe abziehen und zerdrücken. Petersilie waschen, trockentupfen und fein hacken. Alles mit Kapern und Olivenöl zu den Zwiebackwürfeln geben, mit Salz und Pfeffer würzen und gut vermischen.

kcal	kJ	E	KH	F
174	728	3,8 g	19 g	9 g

Zubereitungszeit: ca. 20 Minuten
Marinierzeit: ca. 15 Minuten

GEMÜSESTICKS MIT GRIECHISCHEM DIP (8 PORTIONEN)

1 kleiner Blumenkohl
1 rote Paprikaschote
1 kleine Salatgurke
1 Römersalatherz
8 junge Möhren
Salz
2 Knoblauchzehen
12 Markenzwiebäcke
2 Stengel Petersilie
2 EL Weißweinessig
1/8 Liter Speiseöl
200 g Quark (10 % Fett)

kcal	kJ	E	KH	F
274	1034	6,7 g	17 g	17 g

Zubereitungszeit: ca. 40 Minuten

Zwiebäcke in einen Gefrierbeutel geben, zuhalten oder verschließen und mit einer leeren Flasche oder einem Nudelholz fein zerkleinern. Für größere Mengen leistet eine Küchenmaschine gute Dienste.

Zubereitung

Blumenkohl, Paprikaschote, Gurke und Römersalat putzen, Möhren schälen und alles waschen. Blumenkohl in kleine Röschen teilen, in Salzwasser knapp garkochen, abtropfen und abkühlen lassen. Paprikaschote in Streifen, Gurke in Stifte schneiden, Möhren längs halbieren und Salat in

Blätter teilen. Für die Sauce Knoblauchzehen abziehen und zerdrücken. Vier Zwiebäcke beiseite legen und die restlichen Zwiebäcke zerkrümeln. Zwiebackkrümel, Knoblauch, eine Prise Salz und Petersilie im Mixer pürieren. Essig und drei Esslöffel Wasser gut untermischen. Während das Gerät läuft, Öl teelöffelweise zugeben. Sobald die Sauce zähflüssiger wird, das restliche Öl gleichmäßig zugießen. Quark unterziehen. Gemüse und zurückbehaltene Zwiebäcke mit Dip servieren.

ZWIEBACK-ZWIEBEL-SUPPE (4 PORTIONEN)

4 Zwiebeln
4 EL Butter
1 Liter Rinderbrühe
Salz, Pfeffer
4 Vollkorn-Zwiebäcke
1/4 Liter dunkles Bier
3 EL gehackter Schnittlauch

Zubereitung

Zwiebeln abziehen und in Ringe schneiden. Die Hälfte der Butter erhitzen und Zwiebelringe darin glasig dünsten. Brühe angießen und mit Salz und Pfeffer abschmecken. Suppe ca. zehn Minuten ziehen lassen. Zwiebäcke kurz in Bier tränken. Restliche Butter in einer Pfanne erhitzen und Zwiebäcke darin von beiden Seiten rösten. Suppe in tiefe Teller geben, Zwiebäcke hineinlegen und mit Schnittlauch bestreut servieren.

kcal	kJ	E	KH	F
223	933	3,1 g	10 g	18 g

Zubereitungszeit: ca. 25 Minuten

TIPP: *Zwiebäcke nicht in Bier tränken, sondern mit Sellerie- oder Zwiebelgranulat würzen und in Butter braten oder mit Käse überbacken auf die Suppe legen.*

GEFLÜGEL-ZWIEBACK
(4 STÜCK)

4 EL Essig
1/8 Liter Weißwein
4 EL Zitronensaft
Pfeffer, Muskatnuss
150 g Hähnchenbrust
2 EL Speiseöl, Salz
4 Blätter Radicchio
4 Champignons
2 EL Mayonnaise
1 EL Joghurt
1 TL Senf
4 Markenzwiebäcke

Zubereitung

Essig, Wein, Zitronensaft, Pfeffer und Muskatnuss verrühren und Hähnchenbrust darin ca. eine Stunde einlegen. Öl in einer Pfanne erhitzen und Hähnchenbrust darin von beiden Seiten braten. Salzen und schräg in dünne Scheiben schneiden. Radicchioblätter waschen und trockentupfen,

kcal	kJ	E	KH	F
177	741	10,6 g	9 g	11 g

Zubereitungszeit: ca. 20 Minuten
Marinierzeit: ca. 60 Minuten

Champignons putzen und in feine Scheiben schneiden. Mayonnaise, Joghurt und Senf verrühren und die Hälfte auf die Zwiebäcke streichen. Jeweils mit einem Radicchioblatt, Fleisch- und Champignonscheiben belegen und restliche Senfcreme darauf verteilen.

CAMEMBERT-CREME À LA FRANCE (8 STÜCK)

2 kleine Tomaten
1 kleine Zwiebel
250 g reifer Camembert
1 Becher Crème fraîche (= 150 g)
2 cl Anislikör
Salz, Pfeffer
8 Markenzwiebäcke
je 1/2 grüne und rote Paprikaschote

Zubereitung

Tomaten kreuzweise einritzen, mit heißem Wasser überbrühen, häuten, vierteln und entkernen, Zwiebel abziehen und alles würfeln, Camembert zerdrücken. Mit Crème fraîche und Anislikör verrühren und mit Salz und Pfeffer abschmecken. Creme auf die Zwiebäcke geben. Paprikaschoten putzen, waschen, in schmale Streifen schneiden und Zwiebäcke damit belegen. Nach Wunsch mit Oliven und Kapernfrüchten garnieren.

kcal	kJ	E	KH	F
201	841	8,5 g	9 g	14 g

Zubereitungszeit: ca. 15 Minuten

PIKANTE ZWIEBACKROLLE MIT PREISELBEERCREME (8 SCHEIBEN)

4 Vollkorn-Zwiebäcke
1/4 Liter Fleischbrühe
125 g Frischkäse
4 EL Preiselbeerkompott
4 Blatt Gelatine
1/2 Becher Sahne (= 100 g)
2 geräucherte Forellenfilets
1/8 Liter Senfsauce

Zubereitung

Zwiebäcke auf Klarsichtfolie nebeneinander legen und mit Brühe beträufeln. Frischkäse mit Preiselbeerkompott glatt rühren. Gelatine nach Packungsanleitung einweichen, ausdrücken, auflösen und unterrühren. Sahne steif schlagen und unterheben. Zwiebäcke mit der Masse bestreichen, Forellenfilets darauf legen und alles mit Hilfe der Folie einrollen. Rolle fest in Alufolie einschlagen und mindestens zwei Stunden im Kühlschrank kalt stellen. In Scheiben schneiden und mit Senfsauce servieren.

kcal	kJ	E	KH	F
136	569	5,9 g	6 g	10 g

Zubereitungszeit: ca. 45 Minuten
Kühlzeit: ca. 2 Stunden

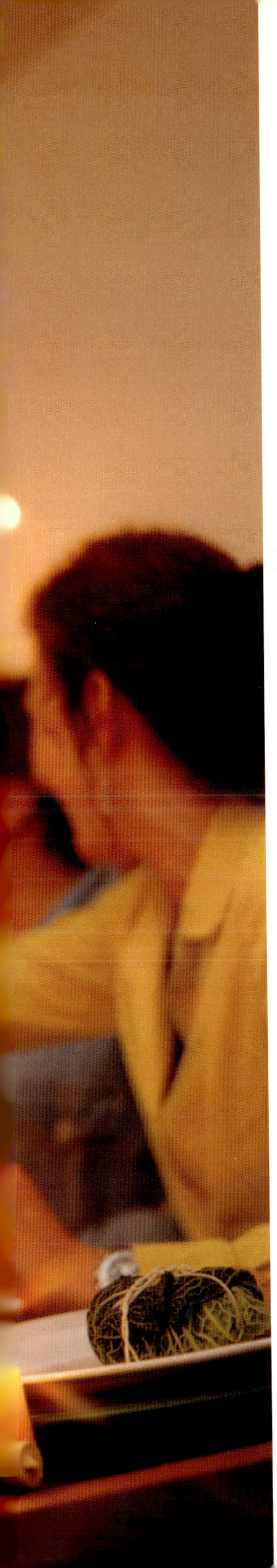

HAUPTGERICHTE

Mal ganz ehrlich, wonach suchen Sie sich Speisen aus? Nach der ernährungsphysiologischen Ausgewogenheit? Sehr viel häufiger ist das Auswahlkriterium der Geschmack oder genauer und umfassender ausgedrückt die sensorischen Eigenschaften. Denn streng genommen meint „schmecken" die Sinneseindrücke der Zunge und umfasst somit nur die Eigenschaften „süß", „salzig", „sauer" und „bitter". Für die Aufnahme des Aromas ist dagegen die Nase zuständig, daher „schmeckt" man bei Schnupfen auch nichts. Aber auch die restlichen Sinne, also Sehen, Hören und Tasten sind wichtig. Mit Augen und Händen erfolgt immerhin meist der erste Kontakt mit einer Speise. Nehmen Sie z. B. einen Markenzwieback in die Hand, die Augen sehen die typische Form und die goldbraune Farbe, mit den Fingerspitzen fühlen Sie die harte, rauhe Oberfläche. Die Zähne spüren Widerstand beim Kauen und bei den typischen Knackgeräuschen beim Beißen kommt auch der Hörsinn ins Spiel. Entscheidend ist das Zusammenspiel aller fünf Sinne und dafür braucht man schon ein wenig Zeit und Muße beim Essen. Probieren Sie es mal in einer ruhigen Minute aus. Sie werden ganz neue Eindrücke erleben, selbst bei altbekannten Lebensmitteln.

LÄNDLICHE PASTETE
(6 PORTIONEN)

1 Zwiebel
1 Möhre
1/4 Sellerieknolle
1 kleine Stange Porree
1 grüne Paprikaschote
1/2 EL Butter
500 g Hackfleisch
4 Eier
Salz, Pfeffer
2 EL Senf
Paprikapulver
Zwiebelpulver
200 g Schinkenspeck, in dünnen Scheiben
1 Packung Markenzwieback (= 225 g)
3 EL gehackte Petersilie

Zubereitung

Zwiebel abziehen, Möhre und Sellerieknolle schälen und alles würfeln. Porree und Paprikaschote putzen, waschen und in Streifen schneiden. Butter erhitzen und Gemüse darin andünsten. Hackfleisch und Eier verkneten und mit Salz, Pfeffer, Senf, Paprika- und Zwiebelpulver würzen. Eine mit Backpapier ausgekleidete Form zuerst mit Schinkenspeck und dann mit Zwiebäcken auslegen. Der Reihe nach die Hälfte der Fleischmasse, Gemüsemischung und anschließend restliche Fleischmasse darauf verteilen, andrücken und mit Zwiebäcken abdecken. Pastete im vorgeheizten Backofen bei 175 Grad (Gas Stufe 2) ca. 40 Minuten backen. Auf eine Platte stürzen, mit Petersilie bestreuen und vorsichtig in Scheiben schneiden.

kcal	kJ	E	KH	F
654	2738	27,6 g	31 g	47 g

Zubereitungszeit: ca. 40 Minuten
Backzeit: ca. 40 Minuten

RINDERBRATEN MIT ZWIEBACK-KRÄUTERHAUBE (6 PORTIONEN)

2 kleine Zwiebeln
2 Bund Petersilie
1 Bund Schnittlauch
1/4 Liter Speiseöl
Pfeffer
je 1/2 TL gehackter Majoran und Rosmarin
1 1/2 kg Rinderbraten
Salz
1/8 Liter Brühe
4 Markenzwiebäcke
2 Eier
2 EL Senf

Zubereitung

Zwiebeln abziehen und in Ringe schneiden, Petersilie und Schnittlauch waschen, trockentupfen und fein hacken. Alles zusammen mit Öl, Pfeffer, Majoran und Rosmarin in einer Schüssel verrühren, Fleisch darin ca. einen Tag marinieren, dabei ab und zu wenden. Fleisch herausnehmen, salzen, in einer Schmorpfanne von allen Seiten gut anbraten und Brühe angießen. Im vorgeheizten Backofen bei 200 Grad (Gas Stufe 3) zugedeckt ca. 75 Minuten garen. In der Zwischenzeit Zwiebäcke grob zerbröckeln. Zwiebelringe und Kräuter aus der Marinade auf einem Sieb abtropfen lassen. Eier verquirlen, mit Zwiebackstücken, Zwiebelringen und Kräutern verrühren, mit Salz und Pfeffer würzen. Braten aus dem Ofen nehmen, mit Senf bestreichen und Zwiebackmasse darauf verteilen. Braten für weitere 15–20 Minuten in den Backofen schieben, bis die Haube knusprig ist. Dazu schmecken in Butter geschwenkte Möhren- und Porreestreifen.

kcal	kJ	E	KH	F
493	2064	54,5 g	7 g	28 g

Zubereitungszeit: ca. 25 Minuten
Marinierzeit: ca. 1 Tag
Garzeit: ca. 90–95 Minuten

KÜRBISSUPPE MIT KÄSEKRÜSTCHEN
(8 PORTIONEN)

2 Gläser Kürbis (à 330 g)
2 Stangen Staudensellerie
1 Fenchelknolle
2 kleine Auberginen
100 g Butter, ca. 1 Liter Rinderbrühe
12 Markenzwiebäcke
1/2 Becher Sahne (= 125 g)
Salz, Pfeffer
1 Prise gemahlener Ingwer
100 g Käse (z. B. Greyerzer)
Paprikapulver

Zubereitung

Kürbis abtropfen lassen, Staudensellerie, Fenchel und Auberginen waschen, putzen und in Stücke schneiden. Drei Esslöffel Butter in einem großen Topf zerlassen, Gemüse darin unter Rühren andünsten. Nach Bedarf etwas Brühe angießen. Vier Zwiebäcke zerbröseln und zugeben, restliche Brühe angießen, aufkochen lassen und bei milder Hitze ca. 30 Minuten garen. Suppe pürieren, Sahne angießen und mit Salz, Pfeffer und Ingwer würzen. Käse reiben. Restliche Zwiebäcke mit restlicher Butter bestreichen, mit Käseraspeln und Paprikapulver bestreuen und unter dem Grill gratinieren, bis der Käse geschmolzen ist. Suppe auf Teller oder Tassen verteilen, jeweils einen Käsezwieback hineingeben und nach Wunsch mit Selleriegrün garniert servieren.

kcal	*kJ*	*E*	*KH*	*F*
292	*1222*	*8,7 g*	*18 g*	*21 g*

Zubereitungszeit: ca. 45 Minuten

ZWIEBACK IM WIRSINGMANTEL
(4 PORTIONEN)

1 kleiner Wirsing
Salz
150 g durchwachsener Speck
1 Becher Sahne (= 200 g)
Pfeffer
Muskatnuss
8 Markenzwiebäcke
4 EL Speiseöl
1/8 Liter Brühe
1 EL Mehl
1 EL Butter

Zubereitung

Vom Wirsing acht Blätter abnehmen, in Salzwasser blanchieren und den restlichen Wirsing in feine Streifen schneiden. Speck fein würfeln, in einem Topf auslassen, Wirsingstreifen dazugeben und kurz dünsten. Sahne angießen und etwas einkochen lassen. Mit Salz, Pfeffer und Muskatnuss würzen. Blanchierte Wirsingblätter ausbreiten, Stielansatz herausschneiden und Zwiebäcke auflegen. Rahmwirsing abtropfen lassen, dabei die Sauce auffangen, Wirsing auf den Zwiebäcken verteilen. Wirsingblätter einschlagen und mit Küchengarn zu Päckchen binden. Öl in einer Pfanne erhitzen und Wirsingpäckchen darin anbraten. Brühe und Sahnesauce angießen. Mehl und Butter verkneten, Sauce damit binden und zu den Wirsingpäckchen servieren. Dazu schmeckt kurzgebratenes Fleisch oder Fisch.

kcal	kJ	E	KH	F
652	2729	9,4 g	21 g	60 g

Zubereitungszeit: ca. 45 Minuten

KNUSPRIGE GEMÜSELASAGNE
(4 PORTIONEN)

250 g grüne Bohnen
Salz, 1 Zwiebel
2 Zucchini
2 Tomaten
200 g Champignons
2 EL Butter
2 EL Mehl
1/2 Liter Milch
Pfeffer, Muskatnuss
Fett für die Form
12 Vollkorn-Zwiebäcke
100 g geriebener Gouda

	kcal	kJ	E	KH	F
Zubereitungszeit: ca. 35 Minuten	353	1478	18,4 g	29 g	18 g

Zubereitung

Bohnen waschen, putzen und in Salzwasser bissfest garen. Zwiebel abziehen und fein würfeln, Zucchini und Tomaten waschen, Stielansatz entfernen, Champignons putzen und alles in Scheiben schneiden. Einen Esslöffel Butter erhitzen und Zwiebelwürfel, Zucchini- und Champignonscheiben darin andünsten. Restliche Butter in einem Topf schmelzen, Mehl einstreuen, anschwitzen, unter ständigem Rühren Milch angießen, kurz durchkochen lassen und mit Salz, Pfeffer und Muskatnuss abschmecken. In eine gefettete Auflaufform abwechselnd Gemüse und Zwiebäcke einschichten, dabei mit Gemüse beginnen und mit Zwiebäcken abschließen. Béchamelsauce darübergießen, mit Käse bestreuen und im vorgeheizten Backofen bei 200 Grad (Gas Stufe 3) ca. 20 Minuten backen.

FENCHEL-HÄHNCHEN-GRATIN (4 PORTIONEN)

4 kleine Hähnchenschnitzel (à 100 g)
5 EL Olivenöl
3 Fenchelknollen
100 ml Gemüsebrühe
5 Tomaten
8 Markenzwiebäcke
Fett für die Form
Salz, Pfeffer
Kräuter der Provence
2 Kugeln Mozzarella (à 125 g)
50 g Parmesan

kcal	kJ	E	KH	F
548	2294	44,9 g	20 g	32 g

Zubereitungszeit: ca. 30 Minuten
Backzeit: ca. 20 Minuten

Zubereitung

Schnitzel waschen, trockentupfen und in einer beschichteten Pfanne mit wenig Öl anbraten. Fenchelknollen putzen, waschen, Strunk entfernen, in dünne Scheiben schneiden und in Gemüsebrühe dünsten. Tomaten waschen, Stielansatz entfernen und achteln. Zwiebäcke in eine gefettete Auflaufform schichten, Schnitzel darauf legen und Fenchelscheiben und die Tomatenspalten darauf verteilen. Mit Salz, Pfeffer und Kräutern der Provence würzen. Mozzarella abtropfen lassen und in Scheiben schneiden, Parmesan fein reiben, beides auf den Auflauf geben und mit restlichem Olivenöl beträufeln. Im vorgeheizten Backofen bei 200 Grad (Gas Stufe 3) ca. 20 Minuten goldgelb backen.

FRÜHLINGSZWIEBELKUCHEN (4 PORTIONEN)

Fett für die Form
10 Markenzwiebäcke
1 Bund Frühlingszwiebeln
200 g Champignons
1 EL Butter
2 Knoblauchzehen
2 Eier
1 Becher Crème fraîche (= 150 g)
3 EL gehackte Kräuter
Salz, Pfeffer

kcal	kJ	E	KH	F
310	1298	9,2 g	23 g	20 g

Zubereitungszeit: ca. 20 Minuten
Backzeit: ca. 40 Minuten

Zubereitung

Eine rechteckige Auflaufform einfetten und mit Zwiebäcken auslegen. Frühlingszwiebeln putzen und in Ringe, Champignons putzen und in Scheiben schneiden. Zwiebeln und Champignons in Butter kurz andünsten. Knoblauchzehen abziehen, zerdrücken und zugeben. Eier, Crème fraîche und Kräuter verrühren, Gemüse zugeben und mit Salz und Pfeffer abschmecken. Masse auf die Zwiebäcke geben und im vorgeheizten Backofen bei 200 Grad (Gas Stufe 3) ca. 40 Minuten backen.

ZWIEBACK-KNÖDEL
(4 PORTIONEN)

1 Packung Markenzwieback (= 225 g)
ca. 3/8 Liter Milch
Salz
1 Zwiebel
1 EL Butter
4 EL gehackte Petersilie
2 Eier
2 EL Mehl

Zubereitung

Vier Zwiebäcke fein zerbröseln, restliche Zwiebäcke in eine Schüssel geben. Milch lauwarm erwärmen, salzen und über die Zwiebäcke gießen. Mit einem Teller abdecken, beschweren und ca. 20 Minuten ziehen lassen. Zwiebel abziehen, fein würfeln und in erhitzter Butter glasig dünsten. Mit Petersilie, Eiern, Zwiebackbröseln und Mehl zu den Zwiebäcken geben und alles zu einem geschmeidigen Teig verarbeiten. Weitere 20 Minuten ziehen lassen. Mit feuchten Händen Knödel formen und in kochendem Salzwasser ca. 20 Minuten ziehen lassen. Dazu schmeckt ein Pilzragout in Sahnesauce.

kcal	kJ	E	KH	F
310	1298	9,2 g	23 g	20 g

Zubereitungszeit: ca. 45 Minuten
Kühlzeit: ca. 2 Stunden

NORDSEE-ZWIEBACK
(8 STÜCK)

200 g Kabeljau- oder Heilbuttfilet
Saft von 1/2 Zitrone
1 kleine Zucchini
2 Tomaten
1 Knoblauchzehe
8 Markenzwiebäcke
2 EL Butter
Salz, Pfeffer
4 EL Sauce Bearnaise (Fertigprodukt)
2 EL Mandelblättchen

Zubereitung

Fisch kalt abwaschen, trockentupfen, in Streifen oder kleine Stücke schneiden und mit Zitronensaft beträufeln. Zucchini und Tomaten putzen, waschen und in feine Scheiben schneiden. Knoblauchzehe abziehen, Zwiebäcke damit einreiben und mit Butter bestreichen. Bunt mit Fischstücken, Zucchini- und Tomatenscheiben belegen. Mit Salz und Pfeffer würzen. Sauce Bearnaise darauf verstreichen, mit Mandeln bestreuen und unter dem Grill ca. fünf Minuten gratinieren.

kcal	kJ	E	KH	F
171	716	7,3 g	9 g	12 g

Zubereitungszeit: ca. 25 Minuten

ITALIENISCHER SALAT MIT ZWIEBACKCROUTONS
(4 PORTIONEN)

1 Römischer Salat
100 g Rauke
1 rote Zwiebel
4 kleine Tomaten
1 kleine Zucchini
4 EL Balsamessig
Salz, grober Pfeffer
Zucker
8 EL Olivenöl
2 Knoblauchzehen
8 Markenzwiebäcke

Zubereitung

Römischen Salat und Rauke putzen und waschen, Römischen Salat in Blätter teilen. Zwiebel abziehen und in Ringe, Tomaten und Zucchini waschen, putzen und in Scheiben schneiden. Eine große Schüssel mit Salatblättern auslegen und restliche Zutaten darauf anrichten. Für das Dressing Essig, Salz, Pfeffer und Zucker mit zwei Esslöffeln Wasser verrühren. Sechs Esslöffel Öl unterschlagen und über den Salat träufeln. Für die Croutons Knoblauchzehen abziehen, zerdrücken und mit restlichem Öl verrühren. Zwiebäcke damit bestreichen und würfeln. In einer Pfanne goldbraun rösten, über den Salat streuen und sofort servieren.

kcal	kJ	E	KH	F
289	1210	4,5 g	20 g	21 g

Zubereitungszeit: ca. 25 Minuten

ZWIEBACK-PIZZA (4 PORTIONEN)

je 1 rote und grüne Paprikaschote
4 Schalotten
1 Stange Porree
100 g Salami
4 EL Speiseöl
Salz, grober Pfeffer
2 Knoblauchzehen
6 Eier
1/4 Liter Milch
16 Markenzwiebäcke
Fett für das Blech
100 g geriebener Gouda

Zubereitung

Paprikaschoten halbieren, Kerngehäuse entfernen und waschen, Schalotten abziehen. Porree putzen und waschen. Paprikaschoten in Streifen, Schalotten und Porree in Ringe schneiden, Salami würfeln. Wenig Öl erhitzen und alles darin ca. zehn Minuten dünsten. Mit Salz und Pfeffer würzen und warm stellen. Knoblauchzehen abziehen, zerdrücken, mit Eiern und Milch verrühren und mit Salz und Pfeffer würzen. Etwas Öl in einer beschichteten Pfanne erhitzen, vier Zwiebäcke hineinlegen, mit einem Viertel der Eiermilch übergießen und von beiden Seiten goldbraun braten. Dabei die Zwiebackpizza mit Hilfe eines Tellers wenden. Die restlichen Zwiebackpizzen genauso zubereiten. Alle vier Pizzen nebeneinander auf ein gefettetes Backblech legen, Gemüsemischung darauf verteilen und mit Käse bestreuen. Im vorgeheizten Backofen bei 200 Grad (Gas Stufe 3) ca. zehn Minuten überbacken, bis der Käse geschmolzen ist. Heiß servieren.

kcal	kJ	E	KH	F
589	2466	29,4 g	38 g	36 g

Zubereitungszeit: ca. 50 Minuten
Backzeit: ca. 10 Minuten

DEFTIGER KÄSEAUFLAUF (4 PORTIONEN)

12 Vollkorn-Zwiebäcke
8 EL halbtrockener Weißwein
12 kleine Scheiben Gouda (= ca. 300 g)
12 dünne Scheiben roher Schinken
Paprikapulver, edelsüß
Fett für die Form
3 Eier
2 Knoblauchzehen
1/8 Liter Milch
1 Becher Sahne (= 200 g)
1 Packung Kräuter der Provence (TK)
Salz
Muskatnuss
1/2 Bund Schnittlauch

Zubereitung

Zwiebäcke mit Wein beträufeln. Jeweils mit einer Käse- und Schinkenscheibe belegen, mit Paprikapulver bestreuen und in eine flache, gefettete Form schichten. Eier trennen. Knoblauchzehen abziehen, zerdrücken, mit Eigelb, Milch, Sahne und Kräutern verrühren und mit Salz und Muskatnuss würzen. Eiweiß steif schlagen und unterheben. Masse über die Zwiebäcke gießen und im vorgeheizten Backofen bei 175 Grad (Gas Stufe 2) ca. 30 Minuten backen. Schnittlauch waschen, trockentupfen, grob hacken und über den Auflauf streuen. Heiß servieren. Dazu schmeckt Tomatensalat.

kcal	kJ	E	KH	F
620	2595	40,2 g	19 g	41 g

Zubereitungszeit: ca. 25 Minuten
Backzeit: ca. 30 Minuten

PIKANTE TORTE „NEPTUN" (12 STÜCK)

20 Markenzwiebäcke
150 g Butter
200 g geräucherter Lachs in Scheiben
250 g geräucherte Forellenfilets
1 Bund Dill
6 Blatt weiße Gelatine
1/4 Liter Fischfond (Glas)
1 Packung Frischkäse (= 200 g)
Salz, Pfeffer
Zwiebelsalz
2 Eier
100 g Kirschtomaten
200 g küchenfertige Nordsee- oder Atlantik-Krabben

Zubereitung

Zwiebäcke fein zerkleinern, mit Butter verkneten, in eine Springform (Durchmesser 26 Zentimeter) geben und andrücken. Mit der Hälfte der Lachsscheiben belegen. Forellenfilets fein zerkleinern, Dill waschen, trockentupfen und hacken, einige Zweige zum Dekorieren beiseite legen. Gelatine nach Packungsanleitung einweichen, ausdrücken, auflösen und mit Fischfond, Forellenstücken, Frischkäse und gehacktem Dill verrühren. Kräftig mit Salz, Pfeffer und Zwiebelsalz würzen. Masse in die Springform streichen. Mindestens zwei Stunden im Kühlschrank fest werden lassen. Eier hart kochen, abschrecken, pellen, abkühlen lassen und in Scheiben schneiden. Kirschtomaten waschen und halbieren. Springformrand lösen, Torte üppig mit restlichen Lachsscheiben, Krabben, Eischeiben, Kirschtomaten und Dillzweigen garnieren.

kcal	kJ	E	KH	F
323	1352	18,4 g	13 g	22 g

Zubereitungszeit: ca. 30 Minuten
Kühlzeit: ca. 2 Stunden

KIRSCHENMICHEL
(4 PORTIONEN)

1 Packung Puddingpulver Vanille
1 Glas Sauerkirschen (= 700 g)
Fett für die Form
16 Markenzwiebäcke
4 Eier
75 g weiche Butter
100 g Zucker
abgeriebene Schale von 1/2 unbehandelten Zitrone
1 Prise Salz
1 TL Zimt

Zubereitung

Puddingpulver mit wenig Kirschsaft glatt rühren. Kirschen mit Saft erhitzen, mit Puddingpulver binden und in eine gefettete Auflaufform geben. Zwiebäcke zerbröckeln. Eier trennen. Eigelb, 50 g Butter, 75 g Zucker und Zitronenschale schaumig schlagen und Zwiebackbrösel unterrühren. Eiweiß mit Salz steif schlagen, unter die Masse heben und auf den Kirschen verteilen. Mit Butterflöckchen belegen und mit Zucker und Zimt bestreuen. Im vorgeheizten Backofen bei 200 Grad (Gas Stufe 3) ca. 45 Minuten backen.

kcal	kJ	E	KH	F
668	2796	13,0 g	96 g	25 g

Zubereitungszeit: ca. 70 Minuten

ZWIEBACK-SCHMARREN
(4 PORTIONEN)

16 Markenzwiebäcke
1/2 Liter Milch
Salz
4 Eier
Butterschmalz zum Braten
2 EL Zucker

Zubereitung

Zwiebäcke in eine Schüssel geben (evtl. grob zerbrechen). Milch lauwarm erwärmen, Salz und Eier zugeben, verquirlen, über die Zwiebäcke gießen und ca. 30 Minuten ziehen lassen. Fett in einer Pfanne erhitzen, die Hälfte der Masse zugeben, goldbraun braten, wenden und in Stücke zerreißen. Unter häufigem Wenden goldgelb backen. Mit Zucker bestreuen und bei schwacher Hitze leicht karamelisieren lassen. Mit der restlichen Masse genauso verfahren. Nach Wunsch mit Zimt bestreuen und mit gedünstetem Obst, Apfelmus oder Vanillesauce servieren.

kcal	kJ	E	KH	F
431	1804	15,8 g	46 g	21 g

Zubereitungszeit: ca. 30 Minuten
Ruhezeit: ca. 30 Minuten

Tipp: ***Ohne Zucker und Zimt schmeckt der Zwieback-Schmarren auch zu Salat oder Gemüse.***

KARIBIK-AUFLAUF (4 PORTIONEN)

1 Ananas
4 Eier
100 g Butter
Mark von 1 Vanilleschote
80 g Zucker
Salz
1 Packung Mascarpone (= 250 g)
1 Packung Magerquark (= 250 g)
1/2 Packung Vanillepuddingpulver
Fett für die Form
10 Vollkorn-Zwiebäcke
1 Packung Mini-Kokos-Zwiebäcke (= 100 g)

Zubereitung

Ananas schälen, längs halbieren, harten Strunk herausschneiden und Fruchtfleisch grob würfeln. Eier trennen. Eigelb mit Butter, Vanillemark, Zucker und einer Prise Salz schaumig schlagen. Mit Mascarpone, Quark und Puddingpulver verrühren. Eiweiß mit einer Prise Salz steif schlagen und unterheben. Eine Hälfte der Quarkmasse in eine gefettete Auflaufform geben und die Hälfte der Ananaswürfel darauf verteilen. Mit Vollkorn-Zwiebäcken belegen. Restliche Quarkmasse darauf verstreichen, mit restlichen Ananaswürfeln und Kokos-Zwiebäcken belegen. Mit Alufolie abdecken und im vorgeheizten Backofen bei 160 Grad (Gas Stufe 1–2) ca. 45 Minuten backen.

Tipp: ***Statt mit Ananas kann der Auflauf auch mit Beeren, Bananen, Apfel oder Birne zubereitet werden.***

kcal	kJ	E	KH	F
957	4006	23,6 g	76 g	61 g

Zubereitungszeit: ca. 30 Minuten
Backzeit: ca. 45 Minuten

ZWIEBACK KASPER GIBT ES NICHT

DAS SCHMECKT KINDERN

Eine ausgewogene und gesunde Ernährung ist besonders für Kinder wichtig, das liegt auf der Hand. Doch was tun, wenn die Kleinen lieber Süßigkeiten und Pommes essen?

Unsere Zwieback-Rezepte sind die Antwort: Kinder mögen Zwieback und nebenbei sind die Gerichte auch noch gesund. Der Markenzwieback wird ausschließlich mit Mehl aus kontrolliertem Getreideanbau gebacken. Er liefert Kohlenhydrate, die satt machen und schnelle Energie spenden, und Ballaststoffe. Die ideale Ergänzung dazu sind Milchprodukte, sie enthalten Calcium und Eiweiß für Knochenbau und Muskeln. Gemüse und Obst sorgen für reichlich Vitamine, Mineralstoffe und Ballaststoffe.

Vorsicht beim Würzen, vor allem mit Salz und scharfen Gewürzen wie Pfeffer, Cayennepfeffer oder Chili. Generell gilt, je kleiner die Kinder umso milder.

Die Portionsangaben sind nur eine grobe Richtlinie, denn je nach Alter, Größe und Aktivitätsdrang variieren Hunger und Nährstoffbedarf bei Kindern und Jugendlichen deutlich.

Ganz wichtig: Kinder „essen" mit den Augen. Lustig dekoriert wie beim „Wikingersnack" schmeckt den Kindern sogar Fisch!

BETTLER-BLECH
(4 PORTIONEN)

600 g Fleischtomaten
300 g Fleischwurst
Fett für das Blech
1 Packung Markenzwiebäcke (= 225 g)
Kräutersalz
200 g Hartkäse
40 g Parmesan

Zubereitung

Tomaten waschen, Stielansatz entfernen und mit Fleischwurst in dünne Scheiben schneiden. Ein tiefes Backblech einfetten, mit Zwiebäcken auslegen und wechselweise mit Tomaten- und Fleischwurstscheiben belegen. Leicht salzen. Hartkäse und Parmesan reiben, mischen und auf dem Blech verteilen. Im vorgeheizten Backofen bei 200 Grad (Gas Stufe 3) ca. zwölf Minuten überbacken.

kcal	kJ	E	KH	F
644	2696	36,3 g	44 g	36 g

Zubereitungszeit: ca. 30 Minuten
Backzeit: ca. 12 Minuten

KÄPTN HAUKES KRAFTFUTTER
(6 PORTIONEN)

250 g Aprikosen
50 g Gelierzucker
1 Becher Joghurt (= 150 g)
1 Packung Magerquark (= 250 g)
1/2 Becher Schlagsahne (= 100 g)
150 g Blaubeeren
8 Markenzwiebäcke

kcal	kJ	E	KH	F
213	892	8,8 g	28 g	7 g

Zubereitungszeit: ca. 25 Minuten
Kühlzeit: ca. 3 Stunden

Zubereitung

Aprikosen waschen, entsteinen und vierteln, mit drei Esslöffeln Wasser und Gelierzucker ca. fünf Minuten dünsten. Joghurt und Quark verrühren und Aprikosen unterheben. Sahne steif schlagen und unterziehen. Blaubeeren waschen und verlesen. Zwiebäcke in grobe Stücke brechen und abwechselnd mit Beeren und Aprikosen-Creme in schöne Gläser oder eine Schüssel einschichten. Im Kühlschrank ca. drei Stunden durchziehen lassen. Nach Wunsch mit Minze garniert servieren.

SCHNITZEL „KUNTERBUNT" (4 PORTIONEN)

10 Markenzwiebäcke
4 kleine Putenschnitzel
Salz, grober Pfeffer
400 g Möhren
je 1/2 Bund Frühlingszwiebeln,
Petersilie, Schnittlauch
1 TL Butter oder Margarine
150 g Edamer Käse
2 Eier, 3 EL Sesamsamen
4 EL Schmand
Fett für die Form

Zubereitung

Zwei Zwiebäcke zerbröseln. Putenschnitzel kalt abwaschen, trockentupfen und mit Salz und Pfeffer würzen. Möhren schälen und grob reiben. Frühlingszwiebeln putzen, waschen und in feine Ringe schneiden. Petersilie und Schnittlauch waschen, trockentupfen und fein hacken. Butter oder Margarine erhitzen, Möhrenraspel darin ca. fünf Minuten bei schwacher Hitze anschwitzen und abkühlen lassen. Käse reiben, mit Möhrenraspeln, Frühlingszwiebelringen, der Hälfte der Kräuter, Eiern, Zwiebackbröseln und Sesamsamen vermischen und mit Salz und Pfeffer abschmecken. Schmand und restliche Kräuter verrühren. Restliche Zwiebäcke in eine große, gefettete Auflaufform legen, mit Kräuter-Schmand bestreichen und Putenschnitzel darauf verteilen. Möhrenmasse als Haube darauf geben und andrücken. Im vorgeheizten Backofen bei 200 Grad (Gas Stufe 3) ca. 15–20 Minuten garen. Im ausgeschalteten Backofen noch 15 Minuten ruhen lassen.

kcal	kJ	E	KH	F
534	2235	40,8 g	28 g	29 g

Zubereitungszeit: ca 30 Minuten
Backzeit: ca. 30–35 Minuten

GEMÜSE-KÄSEAUFLAUF „NIMMERSATT" (4 PORTIONEN)

4 Möhren
750 g Broccoli
100 ml Gemüsebrühe
1 Packung Magerquark (= 250 g)
2 Eier
150 g geriebener Gouda
Salz, Pfeffer
Muskatnuss
Paprikapulver
1 Becher Sahne (= 200 g)
Fett für die Form
12 Vollkorn-Zwiebäcke

Zubereitung 

Möhren schälen und in dünne Scheiben schneiden, Broccoli putzen, waschen, in kleine Röschen teilen und zusammen mit den Möhren in Gemüsebrühe bissfest garen. Magerquark, Eier und Käse verrühren, mit Salz, Pfeffer, Muskatnuss und Paprikapulver würzen. Sahne steif schlagen

kcal	kJ	E	KH	F
509	2131	30,6 g	26g	31 g

Zubereitungszeit: ca. 30 Minuten
Backzeit: ca. 30 Minuten

und unterziehen. Eine gefettete Auflaufform mit zehn Zwiebäcken auslegen, mit Gemüsebrühe beträufeln und erst Gemüse, dann Quarkmasse darauf verteilen. Restliche Zwiebäcke grob zerbröckeln und darüber streuen. Im vorgeheizten Backofen bei 200 Grad (Gas Stufe 3) ca. 30 Minuten backen.

POWER-SCHNITTE „ACTIONMAN" (4 PORTIONEN)

150 g Pflaumen (aus dem Glas)
100 g helle Weintrauben
2 EL Mandelstifte
1 Becher körniger Frischkäse (= 200 g)
1/2 TL gemahlener Zimt
1 EL Honig
4 Markenzwiebäcke

Zubereitung

Pflaumen abtropfen lassen, entsteinen und halbieren. Trauben waschen, halbieren und entkernen. Mandelstifte in einer Pfanne ohne Fett rösten. Frischkäse mit Zimt und Honig abschmecken und die Zwiebäcke damit bestreichen. Mit Pflaumen und Trauben belegen und mit Mandelstiften bestreuen. Nach Wunsch mit Zitronenmelisse garniert servieren.

kcal	kJ	E	KH	F
180	753	8,7 g	23 g	6 g

Zubereitungszeit: ca. 10 Minuten

EISKUCHEN (8 STÜCKE) (GEBURTSTAGSTISCH)

8 Scheiben Ananas (aus der Dose)
1/2 Becher Sahne (= 100 g)
1 Päckchen Sahnesteif
200 g Vanilleeis
8 Markenzwiebäcke
4 EL geraspelte Schokolade

kcal	kJ	E	KH	F
173	724	2,7 g	25 g	7 g

Zubereitungszeit: ca. 15 Minuten

Zubereitung

Ananasscheiben auf einem Sieb abtropfen lassen und den Saft auffangen. Sahne mit Sahnesteif steif schlagen und vier Esslöffel Ananassaft vorsichtig unterheben. Eis in acht Scheiben schneiden. Zwiebäcke jeweils mit einer Ananas- und Eisscheibe belegen. Eiskuchen mit Ananas-Sahne verzieren und mit geraspelter Schokolade bestreuen. Sofort servieren.

ZWIEBACK-AMERIKANER (GEBURTSTAGSTISCH)

Zubereitung

Schoko-Zwiebäcke kurz in den vorgeheizten Backofen geben, so dass die Schokolade weich wird. Sofort mit Smarties, gehackten Mandeln, gehackten Pistazien, Sonnenblumenkernen, Kokosraspeln usw. verzieren.

NAMENSKÄRTCHEN (GEBURTSTAGSTISCH)

Zubereitung

Schoko-Zwiebäcke mit farbigem Zuckerguss beschriften und verzieren.

KALTER HUND
(10 PORTIONEN)
(GEBURTSTAGSTISCH)

250 g Kokosfett
2 frische Eier
1 Prise Salz
150 g Puderzucker
4 EL Kakao
1 EL Instant-Kaffeepulver (koffeinfrei)
2 EL gehackte Pistazien
8 Markenzwiebäcke

Zubereitung

Kokosfett schmelzen und erkalten lassen. Eier, Salz und Puderzucker schaumig schlagen, zuerst Kakao und Kaffeepulver, dann Kokosfett einrühren. Kastenform mit Frischhaltefolie auslegen und mit Pistazien ausstreuen. Abwechselnd Kakaomasse und Zwiebäcke einschichten, mit Kakaomasse beginnen und enden. Mit Folie abdecken und im Kühlschrank mindestens zwei Stunden fest werden lassen.

kcal	kJ	E	KH	F
356	1490	3,7 g	22 g	28 g

Zubereitungszeit: ca. 25 Minuten
Kühlzeit: ca. 2 Stunden

KNACKIGER WIKINGERSNACK
(4 PORTIONEN)

2 Eier, 1 Frühlingszwiebel
1 Becher Magerquark (= 250 g)
4 EL gemischte, gehackte Kräuter
Salz, Pfeffer, 1 Kästchen Kresse
4 kleine Tomaten, 1 kleine Zucchini
3 EL Speiseöl, 4 Fischstäbchen
4 Vollkorn-Zwiebäcke

kcal	kJ	E	KH	F
246	1030	18,2 g	16 g	12 g

Zubereitungszeit: ca. 40 Minuten

Zubereitung

Eier hart kochen, abschrecken, pellen und längs halbieren. In der Zwischenzeit Frühlingszwiebel waschen, in feine Ringe schneiden, mit Quark und Kräutern verrühren und mit Salz und Pfeffer mild abschmecken. Kresse abschneiden. Auf die Schnittfläche der halbierten Eier einen Teelöffel Kräuterquark geben und mit Kresse verzieren. Tomaten und Zucchini waschen, putzen und die Stielansätze entfernen. Eine Tomate vierteln, entkernen, auf Zahnstocher spießen und als Segel in die Kresse-Eier stecken. Restliche Tomaten und Zucchini in Scheiben schneiden. Eine Zucchinischeibe vierteln und als Fähnchen an die „Tomatensegel" stecken. Öl in einer Pfanne erhitzen und Fischstäbchen darin braten. Zwiebäcke mit Kräuterquark bestreichen, mit Tomaten-, Zucchinischeiben und Fischstäbchen belegen, mit Kresse garnieren und zusammen mit den „Wikingerschiffchen" servieren.

FÜR DEN SÜSSEN ZAHN

DESSERTS

Die Lust auf Süßes ist uns angeboren. „Süß" ist die erste Geschmacksrichtung, die wir im Laufe unseres Lebens kennen lernen, denn bereits in der Muttermilch ist sehr viel Milchzucker (Lactose) enthalten. Ob als Trost bei Liebeskummer und anderen Sorgen, als Nervennahrung bei Stress oder als Belohnung, es gibt viele Gründe um nach Süßem zu greifen. Auch Psychologen bestätigen, dass Zucker sozial, psychologisch und körperlich besänftigende Wirkung hat. Süßes löst eine Insulinausschüttung aus, um den Zucker im Stoffwechsel zu verarbeiten, dadurch steigt der Serotoninspiegel im Gehirn an. Niedergeschlagenheit und Reizbarkeit verschwinden und die Stimmung steigt, denn dieses körpereigene Hormon macht ausgeglichen, entspannt und weckt positive Assoziationen. Das funktioniert allerdings nicht mit Süßstoff, der Körper lässt sich nicht austricksen! Von der Kindheit bis ins hohe Alter, gegen die Vorliebe für Süßes ist kein Kraut gewachsen. Also am besten genießen – ganz ohne Reue.

PS.: Wer Zucker oder Honig meiden will oder muss, kann das „Beeren-Tiramisu" und die „Grapefruitmousse" auch mit Süßstoff zubereiten.

Brandt

ZUPPA INGLESE (6 PORTIONEN)

4 Eier
150 g Zucker
1 Päckchen Vanillezucker
abgeriebene Schale von 1 Zitrone
40 g Mehl
1/2 Liter Milch
8 Pfirsichhälften (aus der Dose)
8 Markenzwiebäcke, 3 cl Cognac

kcal	kJ	E	KH	F
342	1432	10,1 g	58 g	6 g

Zubereitungszeit: ca. 40 Minuten
Backzeit: ca. 12 Minuten
Kühlzeit: ca. 1 Stunde

Zubereitung

Eier trennen. Eigelb, 50 g Zucker, Vanillezucker und Zitronenschale mit dem Schneebesen aufschlagen, Mehl und Milch nach und nach zugeben. Creme in einen Topf gießen, unter Rühren erhitzen, kurz vor dem Kochen vom Herd nehmen und kalt rühren. Pfirsichhälften würfeln, eine feuerfeste, flache Form damit auslegen, mit der Hälfte der Creme bedecken, mit der Hälfte der Zwiebäcke belegen und mit Cognac beträufeln. Die restliche Creme aufstreichen und mit den verbliebenen Zwiebäcken belegen. Eiweiß steif schlagen, restlichen Zucker zugeben und so lange weiterrühren, bis sich der Zucker aufgelöst hat. Baisermasse auf die Zwiebäcke streichen und im vorgeheizten Ofen bei 175 Grad (Gas Stufe 2) ca. zwölf Minuten backen. Abkühlen lassen, ca. eine Stunde ins Gefrierfach stellen und kalt servieren.

BEEREN-TIRAMISU (4 PORTIONEN)

125 g Mascarpone
2 EL Joghurt
3 EL Magerquark
1 cl Eierlikör
1 TL Vanillezucker
1 1/2 EL Zucker
200 g gemischte Beeren (z. B. Erdbeeren, Johannisbeeren, Brombeeren)
4 Markenzwiebäcke
2 cl Kirschlikör
Kakaopulver zum Bestäuben

kcal	kJ	E	KH	F
290	1214	5,4 g	28 g	16 g

Zubereitungszeit: ca. 20 Minuten
Kühlzeit: ca. 1 Stunde

Zubereitung

Mascarpone, Joghurt, Quark, Eierlikör, Vanillezucker und Zucker gut verrühren. Beeren verlesen oder putzen, nach Bedarf waschen und Erdbeeren halbieren. Zwiebäcke mit Kirschlikör beträufeln. Beeren auf Portionsschälchen verteilen, mit Zwiebäcken belegen und mit Mascarponecreme bestreichen. Im Kühlschrank ca. eine Stunde kühl stellen. Vor dem Servieren mit Kakaopulver bestäuben.

FLAMBIERTER KOKOS-ZWIEBACK MIT GRAPEFRUIT-MOUSSE (6 PORTIONEN)

1 Packung Frischkäse (= 200 g)
200 g fettarmer Joghurt
100 ml Grapefruitsaft, 100 g Zucker
5 Blatt weiße Gelatine
1 Becher Sahne (= 200 g)
2 cl Grappa
1 große, reife Mango
2 EL Zitronensaft
1 EL gehackte Pistazien
12 Mini-Kokos-Zwiebäcke
Grappa zum Flambieren

Zubereitung

Frischkäse, Joghurt, Grapefruitsaft und 75 g Zucker verrühren. Gelatine nach Packungsanweisung einweichen, ausdrücken, auflösen und gleichmäßig unterziehen. Masse so lange kalt stellen, bis sie beginnt, fest zu werden. Sahne steif schlagen, Grappa hinzufügen und unter die Gelatinemasse heben. Mousse ca. vier Stunden kaltstellen. Für die Sauce Mango schälen, Fruchtfleisch vom Kern schneiden (einige Spalten beiseite legen) mit Zitronensaft und restlichem Zucker pürieren. Mit einem Esslöffel aus der Mousse Nocken abstechen, mit Mangosauce, Mangospalten und Zwiebäcken auf dem Teller anrichten. Mit Pistazien bestreuen. Zwiebäcke mit Grappa beträufeln, anzünden und brennend servieren.

kcal	kJ	E	KH	F
409	1712	8,5 g	37 g	24 g

Zubereitungszeit: ca. 30 Minuten
Kühlzeit: ca. 4 Stunden

HIMBEER-TÖRTCHEN (12 STÜCK)

150 g Kokos-Zwieback
125 g Butter
1 Packung Magerquark (= 500 g), 75 g Zucker
Saft von 1 Zitrone
250 g Himbeeren
8 Blatt Gelatine
2 Becher Sahne (à 250 g)

Zubereitung:

Kokos-Zwieback fein zerbröseln. Butter zerlassen, mit den Bröseln vermischen, als Boden in kleine Metallringe oder in eine mit Backpapier ausgelegte Springform drücken. Quark, Zucker und Zitronensaft glatt rühren, Himbeeren verlesen und zugeben. Gelatine nach Packungs-

kcal	kJ	E	KH	F
323	1352	9,0 g	20 g	23 g

Zubereitungszeit: ca. 30 Minuten
Kühlzeit: ca. 3 Stunden

anleitung einweichen, ausdrücken, auflösen und gleichmäßig unterziehen. Sahne steif schlagen und vorsichtig unterheben. Himbeer-Sahne auf die Zwieback-Böden verteilen. Vor dem Servieren ca. drei Stunden kalt stellen. Nach Belieben mit Sahnetupfen und Himbeeren dekorieren.

TIPP: *Espresso kann durch starken Kaffee oder Kaffeelikör ersetzt werden.*

ZWIEBACK-CRUMBLE
(4 PORTIONEN)

4 mittelgroße Birnen
2 EL Zitronensaft
1/4 Liter Birnensaft
1 EL Honig
Butter für die Form
8 Markenzwiebäcke
80 ml Espresso
75 g Butter
60 g brauner Zucker
3 EL Mandelblättchen
1/2 TL Zimt
1 Prise Salz

Zubereitung

Birnen schälen, vierteln, entkernen und mit Zitronensaft beträufeln. Birnensaft und Honig in einem Topf erhitzen und Birnenhälften darin ca. zehn Minuten dünsten. Mit einer Schaumkelle herausheben und in eine gut gebutterte Gratinform oder vier Portionsförmchen legen. Zwiebäcke grob zerbröckeln und mit Espresso beträufeln. Butter zerlassen, Zucker, Mandelblättchen, Zimt und Salz zugeben, mit Zwiebackstücken mischen und über die Birnenhälften verteilen. Im vorgeheizten Backofen bei 250 Grad (Gas Stufe 5) ca. fünf Minuten überbacken. In der Zwischenzeit den Birnensud dickflüssig einkochen lassen und zum Zwieback-Crumble servieren.

kcal	kJ	E	KH	F
447	1871	4,8 g	60 g	21 g

Zubereitungszeit: ca. 20 Minuten
Backzeit: ca. 5 Minuten

MOKKAPARFAIT IM ZWIEBACKMANTEL (12 PORTIONEN)

50 g Mokkabohnen
3 Becher Sahne (= 600 g)
10 Eigelb
250 g Zucker
4 cl Mokkalikör
ca. 10 Teatime-Zwiebäcke
1/2 Packung Schoko-Mokka-Bohnen
Vollmilch oder Zartbitter (= 50 g)

Zubereitung

Am Vortag Mokkabohnen und Sahne vermischen, ca. 24 Stunden im Kühlschrank ziehen lassen, durch ein Sieb gießen und Sahne kalt stellen. Eigelb und Zucker im heißen Wasserbad zu einer hellen, luftigen Creme aufschlagen, die Masse soll zwar heiß werden, darf aber auf keinen Fall kochen. Topf vom Herd nehmen und Creme kalt schlagen. Mokkalikör zugeben. Sahne steif schlagen und vorsichtig unter die Eimasse heben. Eine Kastenform zuerst mit Frischhaltefolie, dann mit Zwiebäcken (Zuckerrand nach außen) auslegen. Parfaitmasse eingießen und ca. 6–12 Stunden in die Tiefkühlung stellen. Vor dem Servieren die Form kopfüber auf eine Platte stellen, mit einem heißen Tuch bedecken, so dass sich das Parfait löst, und Folie abziehen. Mit einem Elektromesser in Scheiben schneiden, mit Schoko-Mokka-Bohnen verzieren und nach Wunsch mit Grappa-Kirschen servieren.

kcal	kJ	E	KH	F
375	1570	5,4 g	38 g	22 g

Zubereitungszeit: ca. 30 Minuten
Kühlzeit: ca. 6–12 Stunden

GEBÄCK UND KUCHEN

Was ist Ihr Favorit auf dem Kaffeetisch: ein saftiger Rührkuchen, eine schöne Torte oder ein fruchtiger Blechkuchen? Die Geschmäcker sind verschieden – zum Glück!

Damit für jeden etwas dabei ist, haben wir möglichst vielseitige Rezepte ausgesucht, die selbst ungeübten Bäckern und Bäckerinnen keine Probleme bereiten. Und damit wirklich nichts schief gehen kann, hier noch einige Tipps:

Ist nichts anderes vermerkt, haben wir Eier der Größe M und Weizenmehl Type 405 verwendet. Wenn Sie gerne einen etwas kräftigeren Geschmack bevorzugen, können Sie es auch problemlos gegen Type 1050 austauschen. Damit Cremes mit Gelatine nicht klumpen, zuerst einen kleinen Teil der Creme löffelweise unter die aufgelöste Gelatine rühren und dann erst mit der restlichen Creme vermengen. Auf jeden Fall mindestens zehn Minuten vor Ablauf der angegebenen Backzeit kontrollieren, ob der Kuchen fertig ist, denn je nach Backofen kann die Temperatur deutlich variieren. Bleibt an einem spitzen Holzstäbchen, das in die Mitte des Gebäcks gestochen wird, kein Teig mehr haften, ist der Kuchen gar. Wird die Oberfläche zu dunkel, rechtzeitig mit Alufolie abdecken.

STACHELBEER-CHARLOTTE „BERNADETTE" (8 STÜCKE)

8 Markenzwiebäcke
8 Blatt Gelatine
4 Eier
100 g Zucker
Mark von 1 Vanilleschote
1/2 Liter Eierlikör
1 Glas Stachelbeeren (= 400 g)
2 Becher Sahne (à 200 g)

Zubereitung

Springformrand (22 Zentimeter Durchmesser) auf eine Tortenplatte setzen und Zwiebäcke rundum in die Innenseite des Tortenrandes stellen. Gelatine nach Packungsanweisung in kaltem Wasser einweichen und ausdrücken. Eier trennen. Eigelb, Zucker und Vanillemark im warmen Wasserbad schaumig schlagen, Gelatine darin auflösen und Eierlikör einrühren. Stachelbeeren gut abtropfen lassen und mit der Creme mischen. Sahne und Eiweiße getrennt steif schlagen und vorsichtig unterziehen. Creme in den vorbereiteten Springformrand einfüllen und einige Stunden kalt stellen. Nach Wunsch mit Sahne, Eierlikör, Stachelbeeren und Schokoladenstreuseln dekoriert servieren.

kcal	kJ	E	KH	F
454	1900	7,5 g	45 g	18 g

Zubereitungszeit: ca. 25 Minuten
Kühlzeit: einige Stunden

FRUCHT-SCHNITTEN MIT MANDELHAUBE (12 STÜCK)

400 g Rhabarber
100 g Zucker
1 Päckchen Puddingpulver Vanille, 300 g Banane
150 g Mascarpone
150 g gemahlene Mandeln
1 TL Zitronensaft
2 Eiweiße, 1 cl Mandellikör
12 Markenzwiebäcke

Zubereitung

Rhabarber putzen, waschen, in Stücke schneiden und in einem Topf mit wenig Wasser und der Hälfte des Zuckers bei geringer Hitze ca. zwei Minuten köcheln lassen. Vanille-Puddingpulver in wenig kaltem Wasser anrühren und Rhabarbermus damit andicken. Banane schälen, in kleine Stücke schneiden, untermengen und abkühlen lassen. Mascarpone, 100 g Mandeln und Zitronensaft zu einer streichfesten Masse verrühren. Eiweiße mit dem restlichen Zucker steif schlagen, restliche Mandeln und Mandellikör untermischen. Zwiebäcke nebeneinander auf ein mit Backpapier belegtes Backblech legen, mit Mandelmasse bestreichen, Bananen-Rhabarbermus darüber verteilen und Eischnee als Haube darauf setzen. Zwiebäcke im vorgeheizten Backofen bei 200 Grad (Gas Stufe 3) ca. zehn Minuten überbacken, bis die Oberfläche leicht zu bräunen beginnt.

kcal	kJ	E	KH	F
237	992	5,0 g	23 g	13 g

Zubereitungszeit: ca. 40 Minuten
Backzeit: ca. 10 Minuten

PISTAZIEN-MÖHREN-TORTE
(12 STÜCKE)

250 g Möhren
1 Packung Markenzwieback (= 225 g)
5 Eier, 100 g Zucker
100 g gehackte Haselnüsse
50 g gehackte Pistazien
1 Päckchen Backpulver
abgeriebene Schale von 1 unbehandelten Zitrone
250 g Puderzucker
5 EL Möhrensaft

Zubereitung

Möhren schälen, waschen und fein raspeln. Aus der Hälfte der Zwiebäcke mit einem Plätzchenausstecher Kreise ausstechen und halbieren. Angefallene Zwiebackreste und übrige Zwiebäcke fein zerbröseln. Eier trennen, Eigelb mit fünf Esslöffeln heißem Wasser und zwei Drittel des Zuckers schaumig schlagen. Nach und nach Möhrenraspel, Zwiebackbrösel, Haselnüsse, Pistazien, Backpulver und Zitronenschale unterrühren. Eiweiß mit dem restlichen Zucker steif schlagen und vorsichtig unterziehen. Teig in eine mit Backpapier ausgelegte Springform (26 Zentimeter Durchmesser) füllen, im vorgeheizten Backofen bei 175 Grad (Gas Stufe 2) ca. 50 Minuten backen und auskühlen lassen. Puderzucker und Möhrensaft glatt rühren, die Torte damit überziehen und den Tortenrand mit Zwiebackhalbkreisen dekorieren. Nach Wunsch mit Marzipanmöhren garnieren.

1. Mit Plätzchenausstechern Kreise aus Zwiebäcken ausstechen.

2. Zwiebäcke in einen Gefrierbeutel geben, zuhalten oder verschließen und mit einer leeren Flasche oder einem Nudelholz fein zerkleinern.

kcal	kJ	E	KH	F
308	1289	6,7 g	46 g	11 g

Zubereitungszeit: ca. 40 Minuten
Backzeit: ca. 50 Minuten

Tipp: *Die Torte schmeckt auch sehr gut mit Vollkorn-Zwieback. Zum Ausstechen der Kreise am besten Markenzwieback verwenden.*

GRATINIERTE SCHMANDTORTE (16 STÜCKE)

Fett für die Form
1 Packung Markenzwieback
(= 225 g)
750 g Schmand
2 Eier
20 g Puddingpulver Vanille
60 g weißer Zucker
20 g brauner Zucker
250 g gemischte Beeren
3 cl Beerenlikör

Zubereitung

Eine gefettete, große Tarteform mit Zwiebäcken auslegen. Schmand, Eier, Puddingpulver und weißen Zucker glattrühren, auf den Boden streichen und im vorgeheizten Backofen bei 200 Grad (Gas Stufe 3) ca. 30 Minuten backen. Mit braunem Zucker bestreuen und unter dem Grill kurz gratinieren, bis der Zucker geschmolzen ist. Beeren verlesen, waschen, gut abtropfen lassen, mit Likör vermischen und auf der Tarte verteilen.

kcal	kJ	E	KH	F
218	913	3,7 g	21 g	13 g

Zubereitungszeit: ca. 25 Minuten
Backzeit: ca. 35 Minuten

SCHOKO-SAHNE-TORTE (16 STÜCKE)

1 Tafel Vollmilch-Schokolade (= 100 g)
2 Tafeln Zartbitter-Schokolade (à 100 g)
4 Becher Sahne (à 200 g)
1 Dose Birnen (= 800 g)
10 Markenzwiebäcke
2 cl Kakaolikör
3 Päckchen Sahnesteif
16 Mini-Schoko-Zwiebäcke
1/2 Packung Schoko-Mokka-Bohnen Zartbitter (= 50 g)

Tipps: ***Wenn Kinder mitessen, statt Likör Birnensaft auf den Boden träufeln.***
Sie können die Torte auch ca. drei Stunden in die Tiefkühlung stellen und geeist servieren.

Zubereitung

Schokolade grob hacken, mit Sahne in einen Topf geben und bei schwacher Hitze schmelzen lassen. Mindestens zwölf Stunden in den Kühlschrank stellen. Birnen abtropfen lassen und würfeln. Eine Springform (22 Zentimeter Durchmesser) mit Zwiebäcken auslegen und mit Kakaolikör beträufeln. Birnenwürfel darauf verteilen. Mini-Zwiebäcke mit Schokoseite nach außen an den Rand der Form stellen. Schokoladencreme mit Sahnesteif steif schlagen und in die Springform geben. Torte kühl stellen. Vor dem Servieren mit Schoko-Mokka-Bohnen verzieren.

kcal	kJ	E	KH	F
342	1432	4,1 g	29 g	23 g

Zubereitungszeit: ca. 30 Minuten
Kühlzeit: ca. 12 Stunden

BETTYS ZWIEBACKSTRUDEL (12 STÜCKE)

250 g Mehl
1 Ei
1 EL Speiseöl
1 Prise Salz
1 Dose Aprikosen (= 410 g)
6 Kokoszwiebäcke
100 g Butter
Fett für die Form

Zubereitung

Mehl, Ei, Öl, Salz und einen achtel Liter lauwarmes Wasser zu einem glatten Teig verkneten und so lange auf ein Brett schlagen, bis der Teig glatt ist und seidig glänzt. In Frischhaltefolie verpackt ca. zwei Stunden an einem kühlen Ort, jedoch nicht im Kühlschrank, ruhen lassen.

Aprikosen abtropfen lassen, dabei den Saft auffangen. Teig halbieren, jede Hälfte ausrollen und über den Handrücken hauchdünn ausziehen. Teigplatten leicht überlappend auf ein Küchentuch legen. Zwiebäcke mit drei Esslöffeln Saft beträufeln und zusammen mit den Aprikosenhälften auf dem Teig verteilen. Seiten einschlagen und den Teig mit Hilfe des Küchentuches vorsichtig aufrollen. Butter zerlassen. Strudel in eine gut gefettete Form oder in eine Fettpfanne legen und mit einem Teil der Butter bestreichen. Im vorgeheizten Backofen bei 200 Grad (Gas Stufe 3) ca. 40 Minuten backen. Nach dem Backen mit der restlichen zerlassenen Butter bestreichen und nach Wunsch mit etwas Puderzucker bestäuben. Dazu schmeckt Vanille- oder Karamelsauce.

kcal	kJ	E	KH	F
201	841	3,4 g	25 g	10 g

Zubereitungszeit: ca. 40 Minuten
Kühlzeit: ca. 2 Stunden
Backzeit: ca. 40 Minuten

NOUGATKUCHEN (16 STÜCKE)

150 g Nougat
4 Eier
1 Packung Markenzwieback (= 225 g)
125 g Butter oder Margarine
200 g brauner Zucker
150 g gemahlene Haselnüsse
5 EL Milch
1 TL abgeriebene Zitronenschale
100 g Weizenmehl
2 TL Backpulver
Fett für die Form
50 g Vollmilch-Kuvertüre

Zubereitung

Nougat würfeln und ca. 30 Minuten ins Gefrierfach legen. Eier trennen. Zwiebäcke in Würfel schneiden. Butter oder Margarine und Zucker schaumig schlagen, bis sich der Zucker gelöst hat. Eigelbe unterrühren. Nacheinander Haselnüsse, Milch, Zwiebackwürfel und Zitronenschale zugeben. Mehl und Backpulver sieben, zur Fett-Zwieback-Mischung geben und unterrühren. Eiweiß steif schlagen und mit Nougatwürfeln unterheben. Teig in eine gefettete Napfkuchenform füllen und bei 175 Grad (Gas Stufe 2) ca. 60 Minuten backen. Kuvertüre im heißen Wasserbad schmelzen, Kuchen damit überziehen.

kcal	kJ	E	KH	F
329	1377	5,8 g	36 g	18 g

Zubereitungszeit: ca. 30 Minuten
Kühlzeit: ca. 30 Minuten
Backzeit: ca. 60 Minuten

APRIKOSEN-KNUSPER-KUCHEN (20 STÜCKE)

4 Eier
15 Markenzwiebäcke
350 g Mehl
250 g Butter
250 g Zucker
Salz
Fett für das Blech
1 kg Aprikosen
1 Glas Kirschen (= 500 g)
1 Päckchen Vanillezucker
1/2 TL abgeriebene Zitronenschale
75 g gemahlene Mandeln
2 EL gehackte Mandeln

Zubereitung

Eier trennen. Die Hälfte der Zwiebäcke zerbröseln. Mehl, Zwiebackbrösel, Butter, 100 g Zucker, eine Prise Salz und zwei Eigelbe verkneten, in Frischhaltefolie wickeln und ca. eine Stunde kalt stellen. Mürbeteig auf einem gefetteten Blech ausrollen. Bei 175 Grad (Gas Stufe 2) ca. 20 Minuten vorbacken und auskühlen lassen. Die restlichen Zwiebäcke grob hacken. Aprikosen waschen, halbieren und entsteinen, Kirschen gut abtropfen

kcal	kJ	E	KH	F
306	1281	3,3 g	37 g	15 g

Zubereitungszeit: ca. 40 Minuten
Kühlzeit: ca. 60 Minuten
Backzeit: ca. 35 Minuten

lassen. Eiweiße mit einer Prise Salz steif schlagen. Restliche Eigelbe mit restlichem Zucker, Vanillezucker und Zitronenschale schaumig rühren, Mandeln, Zwieback und Eischnee unterheben. Makronenmasse auf die vorgebackene Teigplatte streichen. Obst darauf verteilen, mit gehackten Mandeln bestreuen und bei 200 Grad (Gas Stufe 3) ca. 15 Minuten backen. Dazu schmeckt Vanillesahne.

MOHNKUCHEN (12 STÜCKE)

1 Dose Pfirsiche (= 820 g)
Fett für die Form
ca. 12 Markenzwiebäcke
400 g gemahlener Mohn
1/4 Liter Milch
1 Prise Salz
120 g Zucker
1 TL Zimt
100 g Rosinen
100 g Magerquark
1 Ei
3 EL Mandelblättchen

Zubereitung

Pfirsiche abtropfen lassen, dabei den Saft auffangen. Eine gefettete Springform (26 Zentimeter Durchmesser) mit Zwiebäcken auslegen, mit etwas Saft beträufeln und mit Pfirsichen belegen. Mohn mit Milch zum Kochen bringen, Salz, Zucker, Zimt und Rosinen hinzufügen und die Masse erneut aufkochen. Bei sanfter Hitze ca. 15 Minuten quellen und abkühlen lassen. Quark und Ei untermischen, in die Springform füllen und im vorgeheizten Backofen bei 200 Grad (Gas Stufe 3) ca. 30 Minuten backen. Nach der Hälfte der Backzeit mit Mandelblättchen bestreuen und fertig backen.

kcal	kJ	E	KH	F
332	1390	11,0 g	32 g	18 g

Zubereitungszeit: ca. 40 Minuten
Backzeit: ca. 30 Minuten

APFEL-ZWIEBACKKUCHEN (12 STÜCKE)

120 g Butter
2 Eier
250 g Zucker
1 Päckchen Vanillezucker
4 EL Zitronensaft
125 g Mehl
3 TL Backpulver
1,2 kg säuerliche Äpfel, z. B. Boskop
5 Markenzwiebäcke
75 g gehackte Mandeln
1 cl Rum
1/2 TL Zimt
3 EL Aprikosenkonfitüre
2 EL gehackte Pistazien

Zubereitung

Für den Teig 80 g Butter zerlassen, mit Eiern, 150 g Zucker, Vanillezucker und einem Esslöffel Zitronensaft verrühren. Mehl mit Backpulver vermischen und unterrühren. Eine Springform (26 Zentimeter Durchmesser) mit Backpapier auslegen. Restliche Butter schmelzen, auf den Formboden gießen und mit restlichem Zucker bestreuen. Äpfel schälen, halbieren, Kerngehäuse entfernen und mit Zwiebäcken würfeln. Beides mit restlichem Zitronensaft, Mandeln, Rum und Zimt vermischen und in der Springform verteilen. Teig darauf glatt streichen und im vorgeheizten Backofen bei 175 Grad (Gas Stufe 2) ca. 50–60 Minuten backen. Den gebackenen und etwas abgekühlten Kuchen stürzen und Backpapier vorsichtig abziehen. Aprikosenkonfitüre erwärmen, den noch warmen Kuchen damit bestreichen und mit Pistazien bestreuen. Den Kuchen warm oder kalt servieren.

Tipp: ***Dazu schmeckt Schlagsahne oder Vanilleeis.***

kcal	kJ	E	KH	F
321	1344	4,3 g	43 g	14 g

Zubereitungszeit: ca. 40 Minuten
Backzeit: ca. 50–60 Minuten

TANTE ANNAS KIRSCHKUCHEN (12 STÜCKE)

1 Packung Markenzwieback (= 225 g)
200 g Butter oder Margarine
4 Eier, 300 g Rübensirup oder Honig
1/2 TL Zimt
250 g Weizenvollkornmehl
1 Päckchen Backpulver
2 Gläser Schattenmorellen (à 700 g)
Fett und Grieß für die Form
4 EL Zucker
100 g gehackte Mandeln
3 EL saure Sahne

Zubereitung

Zwiebäcke fein zerbröseln. Butter oder Margarine, Eier, Rübensirup oder Honig und Zimt schaumig rühren. Mehl, die Hälfte der Zwiebackbrösel und Backpulver vermischen und nach und nach zufügen. Kirschen abtropfen lassen und unterheben. Die Masse in eine gefettete, mit Grieß ausgestreute

kcal	kJ	E	KH	F
487	2039	9,0 g	61 g	23 g

Zubereitungszeit: ca. 30 Minuten
Backzeit: ca. 70 Minuten

Springform geben und bei 175 Grad (Gas Stufe 2) ca. 45 Minuten backen. Zucker, Mandeln und restliche Zwiebackbrösel mit saurer Sahne verrühren, auf den Kuchen geben und weitere 25 Minuten backen. Dazu schmeckt geschlagene Sahne.

ZWIEBACK-FRÜCHTEBROT (20 SCHEIBEN)

15 Markenzwiebäcke
800 g Äpfel
Saft von 1/2 Zitrone
1 TL Zimt
3 EL Zucker
1 Prise Nelkenpulver
1 Fläschchen Rumaroma
250 g Rosinen
250 g Vollkornmehl
1/2 Päckchen Backpulver
1 EL Kakao

Zubereitung

Zwiebäcke würfeln. Äpfel waschen, Kerngehäuse entfernen, raspeln, mit Zitronensaft übergießen und Zimt, Zucker, Nelkenpulver, Rumaroma und Rosinen dazu geben. Mehl, Backpulver und Kakaopulver sieben und mit Zwieback-Würfeln untermischen. Aus der Masse zwei Brote formen und im vorgeheizten Backofen bei 200 Grad (Gas Stufe 3) ca. 30–40 Minuten backen.

kcal	kJ	E	KH	F
487	2039	9,0 g	61 g	23 g

Zubereitungszeit: ca. 30 Minuten
Backzeit: ca. 30–40 Minuten

frischbleibe-packung

DIE ZWIEBACK-DIÄT

Die 5-Tage-Wohlfühl-Diät hält, was sie verspricht:
Sie werden sich während und nach der Zwieback-Diät rundum fit fühlen; dafür sorgen unsere leckeren Zwieback-Rezepte. Die Diät ist für 5 Tage mit jeweils 5 Mahlzeiten ausgelegt. Sie können die Mahlzeiten pro Tag frei kombinieren, sollten aber keine Mahlzeit auslassen. Wir haben Wert auf einfache Rezepte und Zutaten gelegt, die problemlos erhältlich sind. Bei Gemüse kommt es nicht so genau auf die Menge an, z. B. von Blattsalaten, Tomate, Sellerie, Möhre oder Gurke dürfen Sie ruhig etwas mehr essen!
Fett macht fett – daher ist der Speiseplan so zusammengestellt, dass Sie leckere Rezepte mit wenig Fett aufnehmen, max. 25–30 Gramm pro Tag. Zwischendurch finden Sie noch Tipps und Hinweise für die „Tage danach". Unsere Zwieback-Diät kann nur der Einstieg zu einer langfristigen Änderung des Ernährungsverhaltens sein, denn dauerhaftes Abnehmen quasi über Nacht ist leider nicht möglich. Aber mit unserer Wohlfühl-Diät, reichlich Bewegung und einer positiven Einstellung („kein Problem, das schaffe ich locker") lässt sich einiges erreichen.

1. TAG

TIPP: BEWEGEN SIE SICH VIEL

Denn Muskelaufbau ist wichtig für die Figur, aber auch für die Körperhaltung! Außer mit speziellen Problemzonen-Übungen klappt das am besten mit Konditionstraining. Ideal für den Einstieg sind Walking, Jogging, Schwimmen, Radfahren und Seilhüpfen. Möglichst jeden Tag ins Schwitzen kommen aber mindestens 2–3x pro Woche ca. 30 Minuten, denn mehrere kurze Einheiten sind wesentlich wirkungsvoller als eine lange.

Wichtig: nicht überanstrengen. Schnelligkeit ist nicht so wichtig, sich locker und entspannt bewegen bei mäßigem Tempo, je nach Trainingsstand, ist gesünder und bringt auf Dauer viel mehr.

FRÜHSTÜCK:
Käse- und Bananen-Schnitte

2 Markenzwiebäcke mit je ***1 EL Magerquark*** bestreichen, einen mit ***1 Scheibe Edamer-Käse*** = 30 g (30% Fett i. Tr.) belegen und mit ***gehackter Petersilie*** bestreuen. ***1 kleine Banane*** schälen, in Scheiben schneiden und den zweiten Zwieback damit belegen.

ZWISCHENMAHLZEIT:
Basilikumzwieback

2 Markenzwiebäcke mit je ***1 TL Tomatenmark*** bestreichen, mit ***Oregano*** würzen und mit frischen ***Basilikumblättchen*** garnieren.

1. TAG

1 MITTAG: Indischer Gemüse-Tatar

5 Frühlingszwiebeln
2 Tomaten
1/2 kleiner Blumenkohl
1 TL Pflanzenöl
einige Kreuzkümmelsamen
75 g Tatar
Salz, Pfeffer
1/2 TL Ingwerpulver
1 Prise Currypulver
2 Markenzwiebäcke

Zubereitung:
Frühlingszwiebeln, Tomaten und Blumenkohl putzen und waschen, Zwiebeln in feine Ringe, Tomaten in Spalten schneiden und Blumenkohl in Röschen zerteilen. Öl erhitzen, Kreuzkümmel darin anrösten, Zwiebelringe und Tatar zugeben und kurz anbraten. Blumenkohlröschen und zwei Esslöffel Wasser untermischen und zugedeckt ca. 15 Minuten garen. Tomatenspalten hinzugeben und mit Salz, Pfeffer, Ingwer- und Currypulver abschmecken. Zwieback dazu servieren.

2 ZWISCHENMAHLZEIT: Pikante Quarkschnitten

4 EL Magerquark mit ***Kräutersalz*** würzen und auf ***2 Vollkorn-Zwiebäcke*** streichen. ***1 Frühlingszwiebel*** putzen, waschen, in feine Ringe schneiden, auf die Zwiebäcke verteilen und mit ***Paprikapulver*** bestreuen.

3 ABEND: Italienischer Salat

Rezept s. Kapitel „Hauptgerichte", S. 61. Bereiten Sie nur die halbe Menge mit ***1 TL Olivenöl*** und ***4 Markenzwiebäcken*** zu. Geben Sie Knoblauch nach Wunsch zu.

Pro Tag:

kcal	kJ	E	KH	F
1014	4246	65,1 g	126 g	25 g

2. TAG

1 FRÜHSTÜCK: *Feigen-Frühstückchen*

1 frische Feige (ersatzweise 1 kleine Birne) waschen, abtropfen lassen und vierteln. ***2 Markenzwiebäcke*** mit je ***1 kleinen Scheibe magerem rohem Schinken*** (à 20 g) und Feigenvierteln belegen.

2 ZWISCHENMAHLZEIT: *Möhren-Mix*

200 ml Möhrensaft und ***100 ml Apfelsaft*** mischen, mit ***Ingwerpulver*** abschmecken und ***2 Vollkorn-Zwiebäcke*** dazu servieren.

3 MITTAG: *Paprikaschnitzel mit französischem Gemüse*

1 Stange Staudensellerie
1/4 Liter Gemüsebrühe
100 g Erbsen (TK)
3 EL Maiskörner (= 30 g)
75 g Hähnchenschnitzel
1 TL Pflanzenöl
Salz, Pfeffer, Paprikapulver
2 EL gemischte, gehackte Kräuter
2 Markenzwiebäcke

Zubereitung:

Sellerie putzen, waschen und in feine Scheiben schneiden, mit Gemüsebrühe, Erbsen und Mais ca. fünf Minuten dünsten. Hähnchenschnitzel kalt abwaschen und trockentupfen. Öl in einer beschichteten Pfanne erhitzen und Schnitzel darin von beiden Seiten braten. Mit Salz, Pfeffer und Paprikapulver würzen. Gemüse mit Kräutern bestreuen und mit dem Schnitzel und Zwiebäcken anrichten.

4 ZWISCHENMAHLZEIT: *Vitamin-Drink* *(1/2 Portion für abends beiseite stellen!)*

150 g Erdbeeren (oder andere Beeren) waschen, putzen und halbieren. ***1 rosa Grapefruit*** halbieren und auspressen. ***1 Markenzwieback*** würfeln. Alles mit ***1 Becher Magerjoghurt*** (= 150 g) vermischen und pürieren. Nach Wunsch mit Süßstoff abschmecken.

2. TAG

5 ABEND:
Corned Beef-Zwieback

1 Stange Staudensellerie
2 Vollkorn-Zwiebäcke
2 TL Tomatenmark
1 TL Provencalische Kräuter
2 kleine Scheiben Corned Beef (à 20 g)

Pro Tag:

kcal	*kJ*	*E*	*KH*	*F*
989	*4140*	*66,5 g*	*126 g*	*21 g*

Zubereitung:

Staudensellerie putzen, waschen und würfeln. Zwiebäcke mit Tomatenmark bestreichen, mit Kräutern bestreuen und mit Corned Beef belegen. Mit Selleriewürfeln verzieren. Restlichen Vitamin-Drink dazu trinken.

TIPP: TRINKEN SIE VIEL

Ideal sind ca. 2 bis 3 Liter Flüssigkeit pro Tag in Form von Mineralwasser, Kräuter- oder Früchtetees. Obst- und Gemüsesäfte stark verdünnen und Limonaden und vor allem Alkohol meiden, denn sie erhöhen Ihr Kalorienkonto. Kaffee und schwarzer/grüner Tee sind als Muntermacher erlaubt, sollten aber nur in Maßen genossen werden.

3. TAG

FRÜHSTÜCK:
Aprikosen-Snack

1 Aprikose waschen, halbieren, entkernen und fächerförmig schneiden. ***2 Vollkorn-Zwiebäcke*** mit ***1 EL Magerquark*** bestreichen. Einen Zwieback mit ***1 Scheibe Edamer Käse*** = 30 g (30% Fett i. Tr.) und Aprikosenhälften belegen und mit ***1 EL Kresse*** bestreuen. Zweiten Zwieback mit ***1 kleinen Banane*** verzehren.

1 ZWISCHENMAHLZEIT:
Erdbeer-Shake

100 g Erdbeeren waschen und putzen, ***1 Vollkorn-Zwieback*** würfeln, beides mit ***150 g Buttermilch*** vermischen und pürieren. Nach Belieben mit ***Süßstoff*** abschmecken.

Tipp: ***Verzichten Sie nicht auf die Zwischenmahlzeiten – das gibt nur unnötigen Heißhunger.***

3. TAG

2 MITTAG:
Blumenkohlsuppe

1 Kartoffel
1/2 kleiner Blumenkohl
300 ml Gemüsebrühe
1 Möhre
50 g Zuckerschoten
Pfeffer
Muskatnuss
1–2 TL Zitronensaft
1 EL gemischte, gehackte Kräuter
1 EL Saure Sahne (10 % Fett)
2 Vollkorn-Zwiebäcke

Zubereitung:

Kartoffel schälen und würfeln, Blumenkohl putzen, waschen und in Röschen teilen, beides in Brühe ca. zehn Minuten garen. Möhre schälen und raspeln, Zuckerschoten putzen und waschen, beides zugeben und weitere fünf Minuten dünsten.

Gemüse mit einer Gabel etwas zerdrücken und mit Salz, Pfeffer, Muskatnuss und Zitronensaft würzen. Kräuter und Saure Sahne unterrühren. Mit Zwiebäcken servieren.

3 ZWISCHENMAHLZEIT:
Salami-Zwieback

2 Markenzwiebäcke jeweils mit ***1 EL Magerquark*** bestreichen, mit ***Kräutersalz*** würzen, mit ***1 Scheibe Salami*** und ***Gewürzgurkenscheiben*** belegen.

ABEND:
Toskanischer Brotsalat

Rezept s. Kapitel „Snacks“, S. 34. Bereiten Sie das halbe Rezept mit ***1 TL Olivenöl*** und ***3 Markenzwiebäcken*** zu.

Pro Tag:

kcal	kJ	E	KH	F
1009	4224	49,5 g	133 g	28 g

4. TAG

1 FRÜHSTÜCK: *Birnen-Müsli*

1 Birne waschen, halbieren, Kerngehäuse entfernen und grob raspeln oder in kleine Würfel schneiden. ***2 Markenzwiebäcke*** zerbröckeln und beides mit ***1 Becher Magerjoghurt*** (= 150 g) vermischen. Nach Wunsch mit ***Süßstoff oder Zitronensaft*** abschmecken.

2 ZWISCHENMAHLZEIT: *Karotten-Snack*

2 EL Magerquark mit ***Zitronensaft und Currypulver*** abschmecken und auf ***2 Markenzwiebäcke*** streichen. ***1 Möhre*** schälen, in feine Scheiben schneiden und die Zwiebäcke damit belegen.

3 MITTAG: *Französischer Fischtopf*

100 g Seelachsfilet
1 EL Apfelessig
1 kleine Fenchelknolle
1 kleine Zwiebel
1 TL Olivenöl
150 ml Gemüsebrühe
Salz, Pfeffer
Cayennepfeffer
4 kleine Tomaten
einige Basilikumblättchen
2 Markenzwiebäcke

Zubereitung:
Fischfilet waschen, trockentupfen, würfeln und mit Essig beträufeln. Fenchel putzen, waschen, in Scheiben schneiden, Zwiebel abziehen und in Ringe schneiden. Öl in einem Topf erhitzen und Gemüse darin andünsten. Brühe angießen, mit Salz, Pfeffer und Cayennepfeffer würzen und ca. fünf Minuten garen. Tomaten waschen, mit Fischwürfeln in den Topf geben und zugedeckt bei kleiner Hitze ca. fünf Minuten gar ziehen lassen. Basilikumblättchen auf den Fischtopf streuen und Zwieback dazu servieren.

4. TAG

ZWISCHENMAHLZEIT:
Geflügel-Zwieback

2 Vollkorn-Zwiebäcke mit je ***1 TL Tomatenmark*** bestreichen, mit je ***1 Salatblatt und je 1 Scheibe Putenbrust-Aufschnitt*** (à 20 g) belegen.

Pro Tag:

kcal	*kJ*	*E*	*KH*	*F*
1045	*4374*	*69,0 g*	*133 g*	*23 g*

ABEND:
Apfel-Sellerie-Salat

Rezept s. Kapitel „Snacks“, S. 27. Bereiten Sie nur die halbe Menge mit ***1 EL Magerquark*** statt Crème fraîche und ***1 TL Sonnenblumenkernen*** zu. Servieren Sie dazu ***1 Vollkorn-Zwieback.***

Tipp: Können Sie auf Knabbern zwischendurch nicht verzichten? Ein oder zwei Zwiebäcke, frisches Gemüse (z. B. Möhre, Staudensellerie, Kohlrabi, Gurke) und Obst (z. B. Melone, Apfel, Birne, Beeren) zusätzlich pro Tag sind erlaubt.

Überlisten Sie den Hunger, indem Sie ca. 30 Minuten vor den Mahlzeiten ein großes Glas Mineralwasser trinken, das füllt den Magen und lässt das größte Hungergefühl schon mal verschwinden.

5. TAG

1 FRÜHSTÜCK: *Kiwi-Müsli*

1 Kiwi schälen und in kleine Stücke schneiden, ***3 Markenzwiebäcke*** würfeln, ***1 Becher Magerjoghurt*** (= 150 g) glattrühren und alles in ein Glas einschichten. Sofort verzehren.

2 ZWISCHENMAHLZEIT: *Salami-Schnitte*

2 EL Magerquark mit ***Salz und Pfeffer*** würzen, auf ***2 Vollkorn-Zwiebäcke*** streichen, mit jeweils ***1 Scheibe Salami*** belegen und mit ***1 EL Kresse*** verzieren.

3 MITTAG:
Fenchel-Orangen-Salat

1 kleine Fenchelknolle
1 Orange
1 TL Olivenöl
4 EL Gemüsebrühe
1 TL Zitronensaft
1 TL Senf
Salz, Pfeffer
2 EL gehackter Schnittlauch
1 EL gehackte Petersilie
3 Markenzwiebäcke

Zubereitung:

Fenchel putzen, waschen und und in Scheiben schneiden. Orange filetieren, dabei Saft auffangen. Orangensaft, Öl, Brühe, Zitronensaft, Senf, Salz und Pfeffer verrühren und mit Orangenspalten und Fenchelscheiben mischen. Salat auf einem Teller anrichten und mit Schnittlauch und Petersilie bestreuen. Nach Wunsch mit Orangenschalen garnieren. Mit Zwieback servieren.

5. TAG

4 ZWISCHENMAHLZEIT: *Paprika-Zwiebäckchen*

Jeweils ***1/2 rote und grüne Paprikaschote*** putzen, waschen und würfeln. ***3 EL Magerquark*** salzen und pfeffern, ***2 TL Zitronensaft*** und Paprikawürfel unterheben, einige beiseite legen. Creme auf ***2 Vollkorn-Zwiebäcke*** streichen, mit ***1 EL Kresse*** und restlichen Paprikawürfeln garnieren.

5 ABEND: *Gemüseratatouille*

1 Kartoffel
1 Zwiebel
1 TL Olivenöl
1/2 kleine Zucchini
1 rote Paprikaschote
1 Tomate
4 Champignons
6 EL Zuckermais (= 60 g)
2 EL Tomatenmark
Salz, Pfeffer
Paprikapulver
1 Vollkorn-Zwieback

Zubereitung:

Kartoffel waschen, schälen und in Scheiben schneiden. Zwiebel abziehen, würfeln und in Olivenöl anschwitzen. Kartoffelscheiben zugeben, wenig Wasser angießen und zugedeckt ca. zehn Minuten dünsten. Zucchini waschen, putzen und kleinschneiden, Paprikaschote halbieren, entkernen, waschen und in dünne Streifen schneiden, Tomate waschen und achteln, Champignons putzen und vierteln. Vorbereitetes Gemüse und Mais zugeben, mit Tomatenmark, Salz, Pfeffer und Paprikapulver würzen. Zugedeckt ca. zehn Minuten dünsten. Mit Zwieback servieren.

Pro Tag:

kcal	*kJ*	*E*	*KH*	*F*
1017	*4257*	*50,9 g*	*141 g*	*24 g*

EINKAUFSLISTE

Zwieback:
2 Packungen
Markenzwieback (à 225 g)
1 Packung
Vollkorn-Zwieback (= 225 g)

Obst:
1 Apfel
1 Aprikose
2 kleine Bananen
1 Birne
250 g Erdbeeren (oder andere Beeren)
1 Feige (oder 1 kleine Birne)
1 Kiwi
1 rosa Grapefruit
2 Orangen

Gemüse/Kräuter:
je 1 Bund Basilikum, Schnittlauch, Petersilie
1 1/2 Bund Frühlingszwiebeln
(oder Lauchzwiebeln)
1 kleiner Blumenkohl
ca. 1 kg Tomaten
4 Champignons
1 Römischer Salat
1 kleine Zucchini
1 Dose Gemüsemais (= 150 g)
100 g Erbsen (TK)
2 Stangen Staudensellerie
2 rote und 1 grüne Paprikaschote
2 Möhren
2 kleine Fenchelknollen
200 g Sellerieknolle
50 g Zuckerschoten
50 g Rauke
2 Kästchen Kresse

Milchprodukte/Käse:
3 Becher Magerjoghurt (à 150 g)
1 EL Saure Sahne
1 Packung Magerquark (= 500 g)
150 g Buttermilch
2 Scheiben Edamer Käse (à 30 g)

Fleisch/Fisch/Geflügel:
75 g Tatar
2 Scheiben magerer Schinken (à 30 g)
2 Scheiben Corned Beef (à 20 g)
4 kleine Scheiben Salami (à 5 g)
100 g Seelachsfilet
2 Scheiben Putenbrust-Aufschnitt (à 20 g)
75 g Hähnchenschnitzel

Getränke:
Reichlich Mineralwasser, diverse Tees, Möhren- und Apfelsaft

Das sollten Sie im Hause haben:
Essig (Rotweinessig, Balsamessig, Apfelessig), Kapern, Kartoffeln, Knoblauch nach Wunsch, getrocknete Aprikosen, Gemüsebrühe, Gewürze (Cayennepfeffer, Ingwer-, Paprika-, Currypulver, Kreuzkümmelsamen, Muskatnuss, Provencalische Kräuter, Oregano, Kräutersalz), Gewürzgurken, Öle (Pflanzenöl, Olivenöl), Senf, Sonnenblumenkerne, Süßstoff, Tomatenmark, Zitronen, Zwiebeln

1 TL Öl, Tomatenmark, Senf
↓
entspricht 5 g

1 EL Quark, Saure Sahne, Joghurt
↓
entspricht 20 g

1 EL Flüssigkeiten
(z. B. Milch, Wasser, Öl)
↓
entspricht 10 g

Wellness-Programm

Durch Wald und Flur: Joggen

Einmal am Tag ins Schwitzen kommen ist ideal und Joggen ist da genau das Richtige. Vor allem für Untrainierte gilt: langsam beginnen! Kurze Stücke laufen und dazwischen schnell gehen, so halten auch Anfänger 20–30 Minuten locker durch. Haben Sie Probleme mit den Gelenken oder sind Sie stark übergewichtig? Dann ist Walking, also schnelles Gehen, günstiger.

Springen Sie ins kühle Nass

Schwimmen ist eine besonders gesunde Sportart. Der Auftrieb des Wassers hebt die Schwerkraft weitestgehend auf und vermindert das Körpergewicht um 90 %. Wirbelsäule, Gelenke und Bänder werden entlastet!

Macht rundum fit – Radfahren

Radfahren vereint viele Vorzüge: es verbessert die Kondition, entspannt durch die Bewegung an der frischen Luft und die körperliche Anstrengung lässt sich gut dosieren. Das Sitzen im Sattel schont die Gelenke, trainiert dabei aber Bein- und Po-Muskulatur. Mit etwas Übung können Sie schon bald längere Touren ohne allzu große Anstrengungen überstehen! Möglichst vielbefahrene Straßen meiden. Ein Helm sorgt für die notwendige Sicherheit.

Der Klassiker: Seilspringen

Das gute alte Seilspringen ist ein optimales Herz-Kreislauf-Training und schult dabei noch die Koordination durch wechselnde Sprungkombinationen. Wichtig: gut abfedernde Turnschuhe.

Gut für Körper und Geist – Entspannung

Zwischendurch so richtig abschalten mit einem gemütlichen Sauna-Tag, einem Besuch im Thermal-Bad, einem ausgedehnten Waldspaziergang oder einfach zu Hause in der heißen Badewanne. Sie werden sich rundum wohlfühlen und können mit Recht stolz auf sich sein.

Der Anfang ist gemacht und wie geht es weiter?

Fett einsparen

Tauschen Sie fettreiche gegen fettarme Produkte aus und achten Sie vor allem auf versteckte Fette, z. B. in Wurst (Teewurst und Kalbsleberwurst), Schokolade, Gebäck. Essen Sie dafür reichlich Kohlenhydrate, die machen schneller satt bei weniger Kalorien. Ideal dafür sind unsere leckeren Zwieback-Rezepte aus den vorigen Kapiteln.

Bleiben Sie in Bewegung

Verabreden Sie sich mit Freunden oder schließen Sie sich einer Gruppe oder einem Verein an, denn mit Gleichgesinnten fällt das Aufraffen viel leichter.

Praktische Hinweise zu den Rezepten

Abkürzungen

TL	=	Teelöffel
EL	=	Esslöffel
Msp.	=	Messerspitze
cl	=	Centiliter
kcal	=	Kilokalorien
kJ	=	Kilojoule
E	=	Eiweiß
KH	=	Kohlenhydrate
F	=	Fett

Nährwertangaben bei den Rezepten sind immer pro Portion/pro Stück angegeben.

In unserer 225-g-Packung Markenzwieback sind ca. 22 und in unserer 500-g-Packung ca. 48 Zwiebäcke enthalten.

Die Temperatur-Angaben für den Backofen gelten für die Einstellung „Ober- und Unterhitze". Falls Sie einen Heißluftherd verwenden, beachten Sie bitte die Angaben in der Gebrauchsanweisung.

Schwierigkeitsgrad der Zubereitung

✪	einfach
✪✪	mittel
✪✪✪	etwas aufwendiger

Rezepte von A–Z

DIÄT

Frühstück:

Zwischenmahlzeit:

Mittagessen:

Abendessen:

Im FALKEN Verlag sind zahlreiche Titel zum Thema „Essen und Trinken" erschienen. Bitte fragen Sie überall dort, wo es Bücher gibt.

Sie finden uns im Internet: **www.falken.de**

Dieses Buch wurde auf chlorfrei gebleichtem und säurefreiem Papier gedruckt.

Der Text dieses Buches entspricht den Regeln der neuen deutschen Rechtschreibung.

ISBN 3 8068 7511 1

Herausgeber: Brandt Zwieback-Schokoladen GmbH + Co. KG, 58135 Hagen
Realisierung: The Food Professionals Köhnen GmbH, Sprockhövel
Idee, Konzeption: Katja Dingel, Petra Penker
Redaktion, Rezeptentwicklung: Claudia Oberascher
Fotografie: Katja Dingel, Stefan Schulte-Ladbeck
Foodstyling: Heike Gisselmann, Christa Schraa, Sabine Threimer
Lithografie: Kay Jaeger
Grafik: Petra Penker
Umschlaggestaltung: Rohwedder-Becker, Büro für Konzept und Gestaltung, Mainz

817 2635 4453 62